POCHES ODILE JACOB

LA CONFIANCE EN SOI
DE VOTRE ENFANT

DU MÊME AUTEUR
CHEZ ODILE JACOB

Mon enfant s'oppose. Que dire ? Que faire ?, 2002 ; « Poches pratique », 2008.

Dr GISÈLE GEORGE

LA CONFIANCE EN SOI DE VOTRE ENFANT

Préface de Christophe André

Odile Jacob
poches

15, RUE SOUFFLOT, 75005 PARIS

www.odilejacob.fr

ISBN : 978-2-7381-2269-8
ISSN : 1621-0654

Sommaire

Chapitre 2
Vous faire confiance

Chapitre 3
Lui montrer que vous avez confiance en lui

Chapitre 4
Lui faire confiance :
il connaît ses ressources

Deuxième partie
La confiance en soi
de l'enfant, comment la développer ?

Chapitre 5
Le valoriser et… le critiquer

Chapitre 6
Lui faire découvrir
les secrets de sa réussite

Chapitre 7
Le stimuler…
sans lui mettre la pression

Préface

L'autre jour, j'ai croisé Zorro dans la rue.

Magnifique, avec sa grande cape noire, son masque et son chapeau, l'épée, le fouet, tout y était. Il était tellement superbe que je lui ai dit. Je me suis arrêté face à lui, j'ai mis mes mains sur les hanches, et je me suis écrié : « Mais c'est Zorro ! Ça, alors ! Quelle belle épée ! Incroyable ! Tu vas à un anniversaire déguisé, Zorro ? » Il m'a répondu que oui, chez son copain Jean-Baptiste, pour ses cinq ans, comme lui. Puis il a continué sa route au bras de sa maman, ou de sa grande sœur (je ne me souviens plus très bien, c'est surtout lui que j'avais admiré). Il avait l'air ravi de mon étonnement et de mes compliments, et s'est retourné trois ou quatre fois pour vérifier que je le regardais toujours. Pas de problème : je le regardais toujours. J'étais en train de me dire qu'après notre échange il ressemblait encore plus à Zorro pour de vrai, qu'il avait pris confiance et qu'il habitait pleinement son identité de héros…

Le livre de ma collègue et amie Gisèle George parle justement de la confiance en soi de l'enfant. Je suis ravi qu'elle l'ait écrit : personnellement, j'en rêvais, mais je n'ai jamais osé me lancer, n'étant pas pédopsychiatre, comme elle, mais seulement psychiatre pour adultes, ces enfants vieillis. Qui bien sûr me parlent aussi de confiance en soi, mais ce n'est pas la même chose. Un tel livre de psychologie n'a de sens, s'il veut vraiment être utile au lecteur, que s'il est écrit par un professionnel de santé qui passe beaucoup de temps avec ses patients. J'ai des enfants, je vis au milieu d'eux, de leurs amis, de leurs cousins et cousines, mais je ne suis pas leur thérapeute, je n'ai pas accès à toutes leurs difficultés psychologiques, je n'ai pas de longues discussions avec leurs parents. Gisèle George, elle, oui. Elle est une spécialiste de la confiance en soi de l'enfant, et sa légitimité dans ce domaine est grande, comme son expérience. De ce fait, son livre est utile, émouvant, pragmatique.

C'est aussi un livre important, car aider des enfants à consolider leur confiance en soi, c'est leur offrir de grands atouts : les futures capacités à construire et à protéger leur bien-être, la prévention des difficultés psychologiques, la force pour résister aux influences sociales toxiques et, finalement, l'énergie pour changer le monde.

On entend souvent dire qu'aujourd'hui on psychologise trop notre quotidien. C'est vrai. Mais c'est parce qu'on ne psychologisait pas assez hier. Et le livre que vous avez entre les mains vous encouragera à adopter une voie médiane et réaliste entre le trop et le trop peu : s'intéresser à la confiance en soi de son enfant sans lui « mettre la pression », l'aider quand nécessaire tout en laissant du temps au temps… Tout cela, c'est du travail en plus pour ces pauvres parents modernes, déjà surchargés ! Oui, la pression sur les parents a beaucoup augmenté : nous ne devons plus seulement aujourd'hui protéger, nourrir et vêtir notre marmaille. Il nous faut encore l'aider à bien travailler en classe et à réussir dans la vie. Et, enfin, lui permettre de s'épanouir. Quel cahier des charges parental ! On comprend que certains hésitent à donner naissance à de petits êtres si absorbants… Mais le livre de Gisèle George, justement, tout en souhaitant nous aider, nous rappelle à chaque instant où se trouve la limite à ne pas dépasser entre souci de bien faire et perfectionnisme anxieux et finalement toxique. Il nous incite à agir en douceur, tranquillement.

Allez, je vous laisse avec l'auteure, vous allez apprendre comment aider votre enfant sans l'exaspérer, ni le stresser, ni vous stresser. Et peut-être même que la leçon de confiance en soi sera bonne pour vous, anciens enfants : pour travailler sur soi, il n'est jamais trop tard. Ah ! j'allais oublier le plus important : j'ai eu des nouvelles de Zorro…

Nous nous sommes à nouveau croisés dans la rue, mais cette fois-ci je ne l'ai pas reconnu : il était « habillé normal ». Mais lui se souvenait de moi (j'étais sans doute vêtu comme la première fois) et il m'a apostrophé : « Hé ! tu ne me reconnais pas ? C'est moi, Zorro ! » J'étais ennuyé de mon erreur diplomatique, mais il n'avait pas l'air vexé, juste content de retrouver un admirateur. Alors je lui ai répondu : « Mais oui, c'est toi, Zorro ! Excuse-moi, j'étais dans la lune, je ne t'avais pas reconnu. Ça va bien ? » Nous en sommes restés là, car sa baby-sitter avait l'air un peu inquiète de la tournure de l'échange, et elle a tiré Zorro par la manche vers l'école. Nous nous sommes fait au revoir de la main. Il avait l'air drôlement content. Je suis sûr qu'il a levé le doigt toute la journée pour répondre aux questions de la maîtresse. En tout cas, ça m'a fait du bien de le penser…

Christophe André
Paris, juin 2007.

Christophe André est médecin psychiatre, et auteur notamment de Imparfaits, libres et heureux. Pratiques de l'estime de soi *paru aux éditions Odile Jacob (2006).*

INTRODUCTION

Les 7 clés de la confiance en soi

« Docteur, je viens vous voir parce que Nicolas n'a pas le goût du travail. »

J'ai beau chercher partout dans mon bureau, je ne vois qu'un petit bonhomme tout juste âgé de 5 ans et qui, ayant trouvé mes jouets, est en train de construire une histoire qui semble tout à fait intéressante. Me rapprochant de lui, je l'écoute m'expliquer, tout joyeux, qu'il est un scientifique qui vient de faire la découverte d'un dinosaure, découverte d'une importance capitale car elle va enfin expliquer ce qu'est le « big bang ». Il me demande de participer à son histoire et me donne le rôle d'une célèbre aventurière historienne qui le protégera de tous les jaloux qui veulent lui voler son trésor et l'empêcher de le rapporter au Muséum. Il est ravi lorsque je lui dis que je connais une série télévisée qui traite du même sujet, et il me répond qu'il s'en inspire souvent lorsqu'il invente des histoires.

Je dois dire que je suis subjuguée par ce petit héros dont les yeux pétillent de malice. Il a un vocabulaire plutôt hors norme et semble vif et curieux de me connaître.

De retour auprès de sa maman, je ne peux m'empêcher d'exprimer mon étonnement face à son inquiétude :

« De quel travail parlez-vous ?

— Mais de l'école bien sûr.

— C'est-à-dire ?

— Eh bien, dès que je veux lui apprendre des chiffres ou le faire lire, il refuse catégoriquement.

— C'est la maîtresse qui vous demande de faire ce travail ?

— Depuis qu'il est en maternelle, ses enseignantes m'ont prévenue que l'école primaire dont mon fils dépend est réputée pour demander beaucoup aux élèves et j'ai peur qu'il n'arrive pas à être au niveau.

— Pourquoi pensez-vous que Nicolas n'arrivera pas à suivre ?

— Je lis beaucoup de livres de psychologie et j'en ai retenu que plus on apprend de choses aux enfants avant six ans, meilleurs seront les résultats sur le plan scolaire.

— Ces livres vous ont-ils donné l'impression qu'il leur fallait intégrer le plus de connaissances possibles, un peu comme des logiciels dans un ordinateur, afin d'en faire des têtes bien pensantes et plus intelligentes que la moyenne ?

— C'est un peu ça, j'ai eu l'impression qu'un entraînement scolaire le plus tôt possible donnerait plus de chance à mon fils de réussir dans la vie. Vous savez bien maintenant que, même avec des diplômes, l'avenir est difficile. Notre rôle de parents est de multiplier les méthodes afin que nos enfants ne se retrouvent pas au chômage plus tard.

— Lorsque vous parlez de méthodes, vous parlez travail n'est-ce pas ?

— Oui, j'essaie d'apprendre à Nicolas les bases scolaires et le goût de l'effort, afin de le préparer, comme je vous l'ai dit, pour le primaire. »

Je comprends vos inquiétudes sur l'avenir de vos enfants. Elles sont au cœur des préoccupations des parents d'aujourd'hui. Mais la connaissance n'est pas si facile à transmettre. Puis-je vous expliquer ce que j'appelle le syndrome de la bicyclette ?

« Lorsque votre enfant s'est mis debout et a commencé à marcher, vous êtes-vous dit – avec soulagement – qu'il avait les bases pour faire du vélo et qu'il ne serait pas en retard dans ses apprentissages ?

— Mais non, je n'y ai même pas pensé. Il venait tout juste de se mettre sur ses deux jambes, alors l'imaginer, plus tard, faisant de la bicyclette aurait été un peu incongru, non ? J'étais tout à ma joie de le voir ainsi se débrouiller et je l'ai annoncé à son père.

— J'imagine que vous avez félicité votre « bipède » en herbe, lui avez montré votre fierté et lui avez témoigné votre confiance dans ses progrès futurs.

— Je ne saurais vous exprimer tout ce que j'ai pu lui dire ; j'étais tellement heureuse ; je n'ai pas arrêté de le câliner et de lui dire à quel point j'étais fière de lui.

— Et voilà, sans vous en rendre compte, vous avez mis, à ce moment-là, les bases fondamentales des apprentissages, du « goût de l'effort », mais surtout de la *confiance en soi,* le seul « logiciel » indispensable à développer chez un enfant.

— Je ne comprends pas.

— Est-ce que vous vous inquiétiez déjà pour son apprentissage du vélo ?

— Non, bien sûr.

— Pensez-vous qu'il ne sera pas capable d'en faire ?

— Non, puisqu'il fait du quatre roues ; mon mari a même commencé à lui expliquer les rudiments du deux roues, il arrive déjà à se tenir dessus et à faire quelques mètres. Nous sentons bien qu'il ne va pas tarder à y arriver.

— Voilà où je voulais en venir : voici les 7 clés de la confiance en soi que vous avez utilisées afin que Nicolas puisse apprendre à faire du vélo. »

1. **Vous n'avez pas anticipé l'apprentissage du vélo**. Vous n'avez pas cherché à en apprendre à votre fils les rudiments avant qu'il ne soit physiquement capable de le faire. Vous avez attendu qu'il soit prêt, c'est-à-dire qu'il sache marcher, courir et, enfin, faire du tricycle.

2. **Vous ne vous êtes pas angoissée**. Lorsque votre bébé s'est mis debout, à aucun moment vous ne vous êtes posé la question de ses futurs résultats vélocipédiques, comme vous le faites actuellement pour sa scolarité primaire alors qu'il n'est qu'en maternelle. Vous ne vous êtes pas non plus inquiétée sur le moment où il serait capable de faire du vélo. Le fera-t-il avant, après, plus vite, mieux que ses petits camarades ?

3. Vous l'avez encouragé plusieurs fois à atteindre cet objectif un peu inquiétant pour un apprenti vélocipédiste. Vous lui avez montré ce même visage rayonnant que vous aviez eu lorsqu'il avait fait ses premiers pas. **Cette image de « j'ai confiance en toi » que vous lui avez renvoyée lui a permis d'affronter ses craintes et d'accepter de tenter l'« aventure ».**

4. Vous avez aussi senti qu'il était confiant dans ses acquis psychomoteurs antérieurs. Il court, grimpe et vous montre fièrement comment il sait faire du vélo à quatre roues. Vous avez compris que **cette confiance en ses ressources l'aide à passer à l'étape supérieure.**

5. **Vous avez valorisé**, exulté et félicité le cycliste pour les quelques mètres réalisés. Vous l'avez même annoncé à toute votre famille et avez récompensé votre enfant d'un énorme câlin. Le meilleur moteur de *la confiance en soi* sur le long terme, c'est le plaisir et les encouragements quotidiens des parents.

6. Autant que de valoriser, il est important de **faire récapituler à l'enfant les secrets de sa réussite**. Il faut qu'il vous raconte les stratégies qu'il a utilisées afin de réussir. Il constatera ainsi qu'il a su utiliser ses compétences et qu'il saura les réutiliser à l'avenir. Vous lui donnerez ainsi une fois de plus *confiance en lui*. En engageant de plus le futur.

7. Cet apprentissage ne s'est pas fait en un jour. Combien de fois l'avez-vous mis, vous, ou son père, sur son vélo, combien de fois avez-vous poussé, couru et soufflé en tenant le porte-bagages ? Vous avez continué ainsi (essoufflée) jusqu'à ce qu'il vous dise de lâcher. Lors de son essor solitaire, vous avez continué à **le stimuler sans lui mettre la pression.** Autrement dit, vous lui avez donné l'envie de continuer, sans lui demander de réussir le tour de France.

Quelque temps après, votre enfant fait du vélo avec ses amis, il n'a plus besoin que vous l'en félicitiez et sa récompense est toute personnelle : le plaisir d'avoir su utiliser ses compétences, de se sentir plus confiant, d'avoir une meilleure estime de lui-même, d'avoir gagné une certaine autonomie et une place au sein de ses pairs. Et cela grâce à vous.

Je suis toujours étonnée que cette technique d'apprentissage si efficace et si naturelle, utilisée pour l'apprentissage de la bicyclette par les parents, disparaisse de leur arsenal éducatif dès qu'il s'agit des apprentissages scolaires.

J'ai choisi les premiers tours de roues, mais j'aurais aussi bien pu parler des premiers pas, des premiers mots, de la socialisation, de l'autonomisation... Chaque apprentissage de votre enfant va être l'occasion pour vous de développer sa confiance en lui, son estime personnelle et de lui donner l'envie d'en savoir toujours plus. Ce que vous avez fait, le plus naturellement du monde, en lui apprenant la bicyclette, est en fait le moyen le plus sûr, à utiliser en toutes circonstances, de rendre votre enfant « bien dans sa peau ».

Alors, est-ce le cas ?

« Appliquez-vous les méthodes d'apprentissage du vélo au moment de l'aider pour ses apprentissages scolaires ?

— Les enjeux ne sont pas les mêmes, il s'agit de son avenir, on n'est plus dans le ludique !

— Et pourtant si ! Les enjeux sont identiques. »

Sans confiance en soi, sans une bonne estime de lui-même, un élève, aussi doué soit-il, aura des difficultés. Il sera anxieux, doutera de ses réponses, ira même jusqu'à rendre copie blanche.

Un enfant doutant de lui sera mal à l'aise dans ses relations sociales. Il se croira constamment jugé par un regard négatif des autres. Son apprentissage des habiletés sociales s'en trouvera altéré, détruisant alors encore plus sa faible estime de lui-même.

Enfin, un enfant non confiant ne développera que peu d'autonomie et n'aura aucune appétence pour la nouveauté.

Ce livre a pour but de vous expliquer en quoi les 7 points décrits ci-dessus ont fait que votre fils ou votre fille qui craignait de tomber de vélo a réussi à développer ses compétences, sa confiance en lui, en elle, et à parvenir à maîtriser une situation qui lui paraissait inquiétante. Vous, ses parents, avez eu le savoir « naturel » pour l'aider !

Un peu comme le bébé fait ses premiers pas « naturellement » parce qu'il est bipède, et que les suivants deviennent volontaires et conscients, je voudrais, au fil des pages qui vont suivre, vous amener à retrouver ce savoir inné, vous aider à utiliser votre bon sens naturel, que vous perdez souvent à cause d'un souci excessif de réussite, à cause de votre anxiété de parent, tout aussi naturelle, nous le verrons…

D'instinct, vous vous débrouillez tout à fait bien en ce qui concerne les apprentissages autres que scolaires avec vos enfants, mais lorsque les enjeux sont différents ou touchent à un point sensible de la vie, vous chassez votre naturel et malheureusement il ne revient pas au galop.

Je vais paraître très paradoxale, mais plus vous lirez du « comment il faut faire », plus vous vous éloignerez de votre nature, et moins facilement vous rassurerez votre enfant, car il sentira que vous n'avez pas confiance, ni en vos compétences de parents, ni dans les siennes.

Alors, me direz-vous, à quoi bon ce livre qui va lui aussi « vous dire comment faire » ? Parce que, comme en consultation, j'ai avant tout à cœur de vous redonner confiance dans vos compétences naturelles de parents, de tenter de vous empêcher de vous demander si vous êtes ou non un « bon » ou un « mauvais » parent. Mais surtout de savoir à nouveau, lorsque votre enfant se trouve confronté à une appréhension ou à une difficulté lors d'un apprentissage, d'une situation nouvelle, comment l'aider à la surmonter et à retrouver confiance en lui. J'espère grâce à ce livre vous redonner confiance en tant que parents.

Depuis vingt ans que je suis des enfants en consultation, je m'attache à travailler en « équipe » avec leurs parents. Je vous fais une totale confiance en tant que thérapeutes. Vous avez parfois besoin de pistes de lecture, ou de la réassurance d'un professionnel, mais c'est *votre* façon de les utiliser dans *votre* relation singulière avec *vos* enfants qui les rendent efficaces. Même si vous suivez à la lettre une recette de cuisine, votre plat est unique, votre touche personnelle le rend incomparable.

Ce livre est aussi ma façon de réagir. J'en ai assez de voir des enfants terrorisés par leur avenir. Assez de voir des parents culpabiliser dès la moindre difficulté scolaire. De voir l'enfance résumée à des notes, des bulletins, des résultats au bac… Ou d'être, moi, prise pour une « coach » de développement personnel qui va améliorer les performances de tel jeune.

Les familles que je rencontre en consultation essaient de faire au mieux pour ne pas « traumatiser » leurs gamins. Ces parents ont tout lu en matière de psychologie et se demandent de plus en plus comment faire pour être des parents parfaits.

Assez aussi de cette quête de perfection dont l'écueil type, et extrême, est l'anorexie mentale. Il y a dix ans, cette pathologie touchait essentiellement les adolescentes, aujourd'hui plus de 50 % de mes patientes anorexiques ont moins de douze ans. Les garçons n'y coupent pas non plus, ils ritualisent de manière obsessionnelle afin de ne pas avoir de mauvaises notes ou une mauvaise image d'eux-mêmes.

J'en ai assez de voir des enfants de 8 ans me déclamer : « Je dois tout réussir, je n'ai pas le droit à l'erreur, de décevoir mes parents, d'être différent. » Tous confondent intelligence et bonnes notes.

Alors, si ce livre pouvait permettre à des enfants d'avoir à nouveau confiance en eux, de résoudre leurs angoisses et de prendre leur essor ! S'il pouvait permettre à des adultes d'être à nouveau fiers et heureux dans leurs choix parentaux sans se laisser déstabiliser par la moindre remarque d'un enseignant. La confiance intergénérationnelle retrouvée ouvrirait la porte à de nombreuses valeurs autres que la performance.

PREMIÈRE PARTIE

La confiance en soi de l'enfant, comment la construire ?

CHAPITRE PREMIER

Faire confiance au temps

Vous n'avez pas anticipé l'apprentissage du vélo. Vous n'avez pas cherché à en apprendre à votre fils les rudiments avant qu'il ne soit physiquement capable de le faire. Vous avez attendu qu'il soit prêt, c'est-à-dire qu'il sache marcher, courir et, enfin, faire du tricycle.

Une société de performance : tout vous pousse à anticiper

Notre société de performance, l'âpreté de la compétition, tant à l'école que sur le marché de l'emploi, l'espoir de maîtriser l'avenir, mais aussi la culture psy dont nous sommes imprégnés et qui nous a dit que « tout était joué à six ans », voilà quelques-unes des raisons qui nous poussent à suivre de près le développement de nos enfants, de si près que nous avons tendance aujourd'hui à vouloir devancer l'ordre naturel des choses et à bousculer les apprentissages. Mais tenter ainsi de rendre nos enfants encore plus performants ou plus compétents le plus tôt possible n'est pas sans risque ni conséquence sur le développement de leur personnalité.

➤ *Les fabricants de jouets : des visées d'éveil pour petits endormis*

Les fabricants de jouets n'osent quasiment plus inventer de jeux qui n'« apprennent » pas. Les mots « éducatif », « stimulant », « éveil » doivent être écrits en gros, sous peine de voir les ventes s'écrouler. Le bon vieux portique est devenu un « stimulant sensoriel ». Ses couleurs vives excitent la mémoire visuelle. Le soir, la musique développe l'oreille symphonique. Le tapis de jeu se doit d'être éducatif. Une simple pression, et le voilà déclamant la ritournelle alphabétique, en français, mais n'oublions pas l'anglais. Les ordinateurs sont utilisés de plus en plus tôt et là encore à des fins d'apprentissage. Les logiciels éducatifs se vendent bien dès l'âge de 3 ans. Même les poupées ont des logiciels intégrés. Les jouets ne sont donc plus achetés pour leur côté ludique, mais à des visées d'éveil de nos petits endormis qui, s'ils ne sont pas stimulés assez tôt, risquent de voir leur avenir compromis.

Et, finalement, les enfants nous demandent de plus en plus tôt des jeux sur console ou ordinateur… n'amenant si possible pas à réfléchir. Gavés d'informations, ils ne veulent plus penser et sont beaucoup plus attirés par les jeux où l'action passe avant la réflexion. Par des jeux où ils peuvent enfin… s'amuser.

➤ *Le développement physique aussi touché par la performance*

Les activités sportives favorisent l'esprit de compétition, le goût de l'effort… On se pâme devant un bébé nageur ; le minitennis accélérera la progression dans le classement du futur joueur ; l'expression corporelle doit permettre l'épanouissement du futur polytechnicien. On n'est pas loin des conseils de développement personnel pour salariés, qui foisonnent actuellement, tant le stress en entreprise fait des ravages. Malheureusement, ce stress commence aussi à toucher nos enfants !

Les parents sont demandeurs, sous prétexte d'épanouissement et de développement de leurs enfants. Les professionnels de ces activités tiennent un business rentable.

➤ *Les publicitaires : les nutricaments rendent-ils plus fort ?*

Les publicitaires s'en donnent à cœur joie. Ils ont développé le concept de nutricament. Ils ne vantent plus un produit parce qu'il est bon, mais parce qu'il va « renforcer les capacités physiques et intellectuelles » de nos génies en herbe.

> Une jeune demoiselle, âgée de 9 ans environ, aux longs cheveux blonds, habillée classiquement, est suivie lors de sa journée. Elle participe en classe et est bonne élève, la voici souriante et gracieuse lors de son cours de danse. La version masculine est incarnée par un garçon qui sait arrêter les tirs au football malgré le froid. Son courage est mis en valeur.
> Leur secret ? Ils boivent tous les jours un produit lacté aux vertus stimulantes.

Vertus qui ont toujours existé dans le lait ! C'est en effet ce fameux produit actif qui fait fermenter le lait et permet sa transformation en yaourt, beurre ou fromage. En jouant sur vos angoisses, sur le bien-être physique et intellectuel de vos enfants, on vous vend un yaourt plus petit, plus mauvais (aux dires de mes patients) et plus cher que les autres. La version « adolescent » existe aussi pour un autre produit lacté : un jeune endormi devant un tableau boit quelques gouttes de la potion magique avant de s'agiter pour finir à la vitesse de l'éclair la démonstration mathématique.

Franchement, ne savez-vous pas déjà que les produits lactés sont la base de l'alimentation des bébés humains ? Faut-il vraiment nous expliquer que la diversité des produits alimentaires apporte les nutriments indispensables au bien-être physique ? Afin d'augmenter les ventes, le marketing nous promet une future réussite grâce à ses produits. En choisissant de jouer sur votre anticipation anxieuse de l'avenir scolaire de vos enfants, les publicitaires ne s'y sont pas trompés.

➤ *L'école grande pourvoyeuse de performance*

Je vois de plus en plus en consultation des enfants de maternelle. En général, ils arrivent joyeux, s'installent dans le « coin jeux » de mon bureau et participent activement à la conversation. Visiblement, ils ne présentent aucun trouble psychopathologique patent, et ce n'est pas sans une certaine curiosité que je demande aux parents le motif de notre rencontre. J'avoue que ma neutralité bienveillante est mise à mal lorsque j'entends cette petite phrase : « Il a des difficultés scolaires. » Je suis, chaque fois, prise de court et ne peux m'empêcher de demander : « Vous ne m'avez pas amené le bon enfant ? »
— Si, si docteur. Voyez-vous, il est en maternelle et son dernier « bulletin » montre qu'il a quelques difficultés. Alors, s'il est déjà en retard maintenant, qu'est-ce que cela va être au collège.
— De quel bulletin parlez-vous ?
— C'est l'évaluation faite par l'école. »

Eh oui, l'école se doit aujourd'hui de faire suivre un programme préétabli à ses élèves. En maternelle, une évaluation des niveaux d'acquisition de l'apprenant (terme utilisé par l'Éducation nationale) est régulièrement effectuée. Pourtant, les disparités par rapport à la norme établie sont fréquentes. Par exemple, si la majorité des enfants sont censés faire de la bicyclette à deux roues vers 6-7 ans, la vitesse de démarrage de l'activité va dépendre de chacun. Que le futur vélocipédiste mette une heure, plusieurs jours, voire des mois, pour rester stable sur l'engin, peu importe, il le fera et les parents ne s'en inquiéteront pas. De même, si le développement de l'enfant est relativement bien codifié, étape par étape, la vitesse d'acquisition de ces stades est variable. **Il n'est donc pas étonnant que la fiche normative évaluative des bambins de maternelle soit souvent en disparité avec le développement singulier de chacun.**

En plus de cette variabilité interindividuelle entre pairs, il y a une variabilité intraindividuelle, car les enfants ne réagissent pas toujours de la même manière dans des circonstances identiques. Il leur arrive de ne plus être à la hauteur d'une situation qui semblait maîtrisée, ils ne sont pas toujours au sommet de leurs capacités.

✔ ***Un bulletin ou une note au temps T ne reflète que ce que l'enfant est au temps T et ne permet pas de prévoir ce qu'il deviendra plus tard.***

Le développement ne se fait pas de façon aussi linéaire qu'il y paraît, il est au contraire marqué par des périodes d'accélération ou de ralentissement.

➤ *L'exception française*

Anticiper la classe suivante

La France est un des seuls pays au monde où l'on doit apprendre à lire et à écrire des mots dès la grande section de maternelle. Et quelques écoles le préconisent dès la moyenne section ! Du coup, certains parents le font d'eux-mêmes.

Pourtant, la capacité de lire avant l'heure n'est pas représentative du développement général des connaissances. La mémoire lexicale est à point, certes, mais le reste ? Prenez un joueur de bridge chevronné, il est capable de se souvenir de toutes les cartes de chaque partenaire, des trente-deux parties qui se sont déroulées lors d'un tournoi. Il a développé une compétence particulière dans un domaine, mais n'est pas plus intelligent pour cela dans les autres. Ceux qui jouent la carte du un an d'avance seraient étonnés de connaître le nombre de « redoublants » qui ont « sauté » une classe auparavant.

La lecture avant 6 ans

Arriver en CP sans savoir écrire son nom, ou son prénom, entraîne une inquiétude que les enseignants se hâtent de transmettre aux parents. Pourtant, bon nombre d'enfants ayant été élevés dans un pays étranger et prenant le cursus français en cours de route en primaire rattrapent rapidement le niveau des autres tout en conservant les acquis de leur langue d'origine. Ne croyez pas qu'ils y arrivent parce qu'ils ont été entraînés dans le domaine lexical dès les petites classes. Dans le monde, la maternelle, quand elle existe, est plutôt un jardin d'enfants primant l'épanouissement des relations sociales, de l'imagination, de la créativité. On ne parle pas de travail et il n'existe nulle part de « bulletin » de niveau. 95 % des enfants savent lire à la fin du premier trimestre de leur CP, qu'ils aient ou non commencé avant. Pourquoi, alors, les faire courir et leur mettre entre les mains un cahier de devoirs aux vacances précédant l'entrée en primaire ?

Mon oreille est attirée par une information sur les ondes radiophoniques. Il y a de plus en plus de ventes de cahiers de vacances préparant... la première section de maternelle !

(Le commentateur ajoute que les parents trouvent plus facile de faire « réviser » les petits que les grands. J'ajouterai que peut-être les grands commencent à en avoir assez...)

La 6ᵉ en CM2

Le CM2 est lui aussi marqué par un discours anticipateur sur la 6ᵉ. Moyennant quoi, certaines écoles, sous prétexte de préparer l'enfant à l'année suivante, ont durant cette classe un fonctionnement similaire à celui du collège. Oui, mais voilà, les enfants n'ont pas 11 ans mais 10, et ils ne sont pas forcément prêts à s'adapter à cette logique. Là, encore, on leur demande de faire de la bicyclette avant l'âge. Et pourtant combien d'enfants vont redoubler cette fameuse classe de 6ᵉ ? Un, peut-être deux par classe. Croyez-en mon expérience, leur échec n'est jamais dû au manque d'anticipation ! Mais certains préfèrent redoubler le CM2 car on les a trop inquiétés sur la 6ᵉ.

Prédire l'avenir en 3ᵉ

On demande de plus en plus tôt aux élèves de prévoir leur avenir. En fin de 3ᵉ, ils doivent « choisir » leur orientation. L'entrée au lycée se fait en 2ⁿᵈᵉ de « détermination ». Bon nombre d'écoles postsecondaires choisissent leurs élèves sur les résultats de 1ʳᵉ et de terminale ou par concours antérieur au bac. Ces préférences doivent se déterminer à un âge de la vie où l'adolescent est en quête de sa personnalité et de son devenir dans la société. Aussi l'on voit de plus en plus de nomadisme estudiantin. Les jeunes enrôlés trop précocement dans une voie découvrent, une fois plus conscients de leurs *desiderata* de vie, qu'ils se sont trompés et abandonnent l'année en cours.

Le « palmarès » des résultats au bac

Autre exception française, la réussite au bac. Depuis quelques années, la publication des réussites à l'examen en fin de secondaire, lycée par lycée, « pourrit » (je ne peux employer d'autre terme) la vie des familles.

Le choix de l'habitation, surtout en zone urbaine, est défini suivant le secteur scolaire, au grand plaisir des agences immobilières qui n'hésitent plus à augmenter les prix du logement selon les lycées d'affectation.

> Une conseillère municipale chargée de la petite enfance me racontait qu'il y a quelques années les mères de famille venaient la voir pour qu'elle les aide à trouver une place en crèche, bienheureuses quand elle y parvenait. Aujourd'hui, elles demandent une place dans une crèche bien précise censée mieux préparer les enfants à la bonne maternelle, qui prépare au bon primaire, qui fait de bons élèves pour le secondaire qui a le meilleur taux de réussite au bac.

La guerre des lycées fait rage. Qu'ils soient privés ou publics, aucun n'échappe au couperet de la publication des résultats. Du coup, à la fin du collège, un premier écrémage des élèves a lieu. Je soupçonne certains établissements d'orienter les enfants à partir de la 4e, non parce que ceux-ci le souhaitent ou pour leur bien-être, mais parce qu'ils n'ont pas le bon profil et risquent de faire chuter les statistiques de fin de terminale. Deux méthodes sont pratiquées : la première consiste à noter plus sévèrement ; la seconde, plus psychologique, pointe en permanence les faiblesses de chacun. Aucun élève n'est valorisé et la compétition est soutenue.

Alexandra, 12 ans, et ses parents viennent me voir parce que Alexandra manque de confiance en elle. Elle m'est décrite comme une jeune fille n'ayant jamais posé de problèmes, bonne élève en primaire. L'entrée en 6e s'est faite dans un collège public. Les parents ont bataillé ferme pour obtenir une dérogation permettant à leur fille d'être prise dans le collège dont les statistiques de réussite au bac du lycée dont il dépend sont meilleures que l'établissement dont elle dépendait. Bien que la jeune fille travaille régulièrement et sérieusement, ses notes ont chuté et le passage en 5e s'est fait de justesse. Depuis, malgré tous ses efforts, elle ne dépasse pas le 8 de moyenne.
Alexandra est désireuse d'être aidée. Elle se décrit comme « nulle » : elle travaille beaucoup, mais a de mauvaises notes : elle l'interprète comme un signe d'inintelligence. Elle n'ose plus participer en classe de peur de dire une bêtise et que les autres se moquent. Cette phrase est un leitmotiv chez les enfants qui ont perdu confiance en leurs compétences.
Connaissant les pratiques du lycée public en question, je suggère, avant de programmer une aide psychologique pour Alexandra, qu'elle réintègre le collège dont elle dépendait au départ – collège dont je sais qu'il ne joue pas la carte de la compétitivité – et qu'après quelque temps la famille revienne me voir, si nécessaire.
J'ai revu Alexandra, quelques mois plus tard, épanouie, bien intégrée dans son nouveau collège et avec une moyenne de 15.
Et le niveau de ce second établissement n'est pas inférieur !
Alertée par d'autres enfants anxieux, j'avais déjà mené ma petite enquête et je savais que le premier collège sous-notait et mettait une pression importante sur les élèves.
Le cas d'Alexandra n'est pas unique.

➤ *Quand les parents anticipent la réussite sociale*

Victor, 10 ans, ne suit plus à l'école et refuse de travailler à la maison. D'ailleurs, il ne fait plus ses devoirs affirmant qu'il n'en a pas. Il ment sur ses notes et fait le fanfaron en classe. Il se prend pour un superhéros, toise sa maîtresse lorsqu'elle lui fait une remarque et se bagarre fréquemment avec ses camarades qui ne le supportent plus. Il est menacé de redoublement et ses parents sont désespérés.

> Ils vivent dans un deux pièces, mais c'est Victor qui occupe la plus grande. La maman est gardienne de l'immeuble, le papa maçon. Compte tenu de leurs contraintes matérielles, Victor est fils unique. Ses parents veulent absolument qu'il fasse des études de façon qu'il ait une réussite professionnelle digne de ce nom. Afin, disent-ils, que Victor ait les mêmes chances que ses camarades plus fortunés, ils se plient à toutes ses exigences dès que celles-ci sont motivées par l'intégration sociale ou scolaire.
>
> Le garçon est habillé dernier cri, sa chambre est envahie par la télévision, le lecteur de DVD, l'ordinateur et les dernières consoles. Pour pallier les difficultés scolaires de Victor, ses parents font venir un enseignant à domicile tous les jours. La scolarité de Victor avait bien débuté, ses parents l'avaient inscrit dans une école privée très stimulante et il savait déjà lire en fin de maternelle. Il a sauté le CP, commencé l'anglais et l'informatique dès le CE1.
>
> Mais son comportement a peu à peu changé et ses résultats scolaires ont chuté. Victor est insolent à la maison, fait des remarques acerbes sur le faible niveau d'études de ses parents. Depuis un an, il est « scotché » à ses écrans, mais, au lieu d'utiliser ses logiciels éducatifs, il s'excite sur des jeux violents.

Victor est un de ces cas si bien décrits par Didier Pleux[1] sous le vocable d'enfant roi, enfant tyran. En famille, les rôles sont inversés. Au lieu d'être le petit prince, Victor a pris le pouvoir et est devenu un despote.

En idéalisant les longues études, ses parents avaient, sans le vouloir, donné à leur fils une très mauvaise image

---

1. D. Pleux, *De l'enfant roi à l'enfant tyran*, Paris, Odile Jacob, 2002.

de leur propre parcours. Sans s'en rendre compte ils se dévalorisaient, ce qui a contribué à l'inversion des rôles en milieu familial. Il a fallu que je les restaure avant tout dans leur confiance en eux : grâce à leur courage et à leur abnégation, Victor n'avait-il pas les mêmes moyens financiers et scolaires que le fils d'un ingénieur ? Ils devaient en être fiers et reprendre le contrôle parental. Quant à Victor, il pouvait toujours avoir la possibilité d'être gâté, mais en récompense de son respect de la vie de famille et de son travail scolaire. Victor obtenait tout sans avoir la fierté de se dire qu'il avait réussi à les obtenir de son fait.

✔ ***En ayant tout en avance et sans avoir à réfléchir aux stratégies pour y parvenir, l'enfant risque d'inhiber son potentiel d'exploration des connaissances, d'autonomie et de socialisation au profit du plaisir instantané, égocentrique et maîtrisé.***

Quand les parents anticipent le rythme de l'enfant

François, 5 ans, est amené en consultation par ses parents car il refuse de participer aux activités en classe.

Il est l'aîné de deux garçons et sa mère, assistante de direction, a cessé de travailler afin de s'occuper de ses enfants. Elle m'explique qu'elle a tout lu en matière d'éducation. Espérant lui donner le plus de chances de réussir dans la vie, elle a tout appris à François avant l'heure. Ayant noté que la marche se faisait vers 12 mois, elle a stimulé son fils afin qu'il fasse ses premiers pas à 11 mois ; la propreté à 23 mois (au lieu de 24). Actuellement, François sait déjà lire et écrire des mots simples. Sa maman lui fait reconnaître et déchiffrer les marques des magasins. Lorsqu'il mange, elle lui fait compter les coquillettes restant dans l'assiette. Elle le fait « travailler » tous les jours et lui enseigne des rudiments d'anglais.

Toutefois, elle a constaté, comme la maîtresse pendant la classe, que François rechigne lors des « devoirs ». La maman a l'impression que son fils s'ennuie en classe, que les enseignants ne le comprennent pas et qu'il faudrait le mettre rapidement en CP car il est en avance sur son âge.

Tous les ans, vers le mois d'avril, les psychologues sont assaillis par des parents qui demandent un test de quotient intellectuel afin de permettre à leur enfant de « sauter la dernière section de maternelle » et d'intégrer plus vite le CP. Le but inavoué, aussi, est l'espoir d'entendre que l'enfant est « surdoué ».

L'exemple de François doit nous faire relativiser les données normatives du QI. En effet, considérer uniquement le développement cognitif de l'être humain comme une somme de logiciels est une erreur si on ne tient pas compte du développement affectif et de la personnalité de l'enfant.

Si la maman de François pense qu'il est en avance et s'ennuie à l'école, son papa insiste plutôt sur son comportement social. À l'école, François se fait malmener par ses petits camarades et ne sait pas se défendre. En récréation, il reste isolé ou préfère jouer avec des plus jeunes. À la maison, il est en rivalité avec son frère, lui jalousant son statut de bébé à qui on ne demande rien. Son papa essaie de faire avec lui des jeux de société, mais devant le risque de perdre, l'enfant devient boudeur, agressif et s'en va en prétextant que « le jeu est nul ». Face à toute nouveauté, François se cache et se bouche les oreilles pour ne pas entendre les explications. Ce papa est désolé que son fils n'ait pas appris à faire de la bicyclette, à nager, et qu'il refuse toute proposition d'inscription à un sport. En bref, il le sent craintif, manquant de confiance en lui, mais refusant aussi toute aide.

François se plie volontiers à l'entretien individuel tant que nous jouons ensemble. Il parle facilement de sa vie et se dit jaloux, non pas de son frère, mais du fait que celui-ci peut s'amuser tout le temps alors que lui doit faire des choses « difficiles ». Dès que je parle de l'école ou des apprentissages faits avec sa maman, François devient boudeur. Après insistance de ma part, il m'explique qu'il est « nul », que les autres le traitent d'idiot et qu'il déteste l'école. Il pense que sa mère ne l'aime pas, car il n'arrive pas à faire les « devoirs », et il voit bien dans ses yeux que cela la rend triste. Il pense qu'il est différent, plus bête et plus peureux, d'ailleurs son père le lui dit souvent.

S'il paraît évident qu'il ne faut pas proposer à un enfant de faire de la bicyclette avant qu'il soit prêt sur le plan psychomoteur, de même est-il dangereux de vouloir faire intégrer à un enfant trop jeune des notions intellectuelles qui requièrent un certain niveau de maturation. L'enfant, s'il n'y arrive pas, a peur de décevoir ses parents et risque de renoncer définitivement à cet apprentissage en pensant qu'il est « nul » (expression régulièrement utilisée par les enfants qui manquent de confiance en eux).

François sait compter ses coquillettes et même écrire des phrases, mais il se sent mal dans sa relation aux autres. Son humeur est plutôt maussade, il se croit mal aimé, craint de perdre la considération de ses parents. Il a une vision négative de lui-même et préfère ne plus avancer dans la vie tant la tâche lui paraît déjà lourde.

Alors François a-t-il besoin de sauter une classe ou aimerait-il simplement avoir le temps de grandir, d'imaginer, de créer, de rêver… ?

✔ *Vouloir faire courir un marathon trop vite, c'est prendre le risque de voir l'athlète s'essouffler en cours de route.*

Parents coachs ?

Ne jetons pas la pierre aux parents du troisième millénaire. La compétitivité au travail et l'épée de Damoclès du chômage qui plane au-dessus de leurs têtes donnent une vision pessimiste de l'avenir professionnel. Du coup, les parents anticipent de plus en plus tôt la future carrière de leur progéniture. Cette anxiété les pousse à essayer de maîtriser l'avenir et, pour cette raison, à bousculer les apprentissages au détriment de la personnalité et du développement de l'enfant.

Alors si on peut se réjouir de la diffusion des connaissances en santé et en psychologie, à travers des livres qui s'adressent au grand public, parce qu'on y trouve beaucoup d'informations pour mieux comprendre et mieux agir face aux difficultés du quotidien, et notamment à celle d'être parent et de bien élever son enfant, cela ne signifie pas qu'il faut vous laisser transformer en coach de développement personnel de votre futur génie et organiser toute votre vie autour de ce projet. Est-ce vraiment le rôle du parent ?

> Mme M., maman de Paul, 2 ans et demi, vient me voir car son fils refuse de se coucher le soir. Durant l'entretien, j'apprends que la vie de famille est rythmée à la seconde près, notamment les fins d'après-midi.
>
> « Mon fils goûte vers 16 h 30, prend sa douche à 18 heures, dîne à 19 heures et est couché à 19 h 30. Je lui impose une hygiène de vie stricte car je pense à sa rentrée scolaire et je voudrais déjà l'habituer au rythme de l'école. S'il n'est pas calé sur le plan du sommeil, il sera fatigué et ne suivra pas en cours. »
>
> Le problème dans cette organisation est que du coup Paul ne voit plus son père qui rentre vers 20 heures.

C'est pourquoi Paul utilise tous les prétextes futiles pour retarder l'heure du coucher et attendre le retour paternel.

Mme M. a dû revoir ses priorités : anticiper les performances scolaires de son fils ou respecter son désir naturel de voir son père ? Il a été facile de lui expliquer qu'un climat affectif chaleureux est aussi nécessaire, si ce n'est indispensable, aux apprentissages.

Enfant confiant, enfant savant

➤ *Nés pour apprendre*

Les enfants sont « programmés » pour avoir envie d'apprendre. Certes, pas forcément la bicyclette. Mais de manière innée, le bébé humain comprend que, s'il veut survivre, il doit de moins en moins dépendre de ses géniteurs. Dès qu'il en aura les capacités physiques, il se dépêchera d'explorer le monde qui l'entoure et vous serez bien vite obligé de le protéger de sa curiosité insatiable et parfois dangereuse pour lui.

Il est dans la nature du développement humain d'apprendre des stratégies pour faire face aux situations nouvelles et prendre son indépendance. Et les enfants savent faire feu de tout bois dans ce domaine. C'est le fameux « pourquoi » de nos enfants de 4 à 6 ans. Cette question posée cent fois par jour requiert des explications pas toujours évidentes à transmettre pour nous adultes. Quand, fiers de nous, nous pensons avoir répondu de manière cohérente, ils nous retournent un nouveau « pourquoi ? » sur l'explication donnée. Parfois, d'ailleurs, à bout de patience et de ressources, nous lançons un « parce que »..., ou « tu es trop jeune pour comprendre » dont la réponse sera irrémédiablement « mais pourquoi » ?

➤ *Les théories du développement*

Le développement de l'enfant suit un cours naturel que nous avons fâcheusement tendance à vouloir accélérer.

Mais, alors, quel peut être notre rôle de parent ? Ou, pour poser la question de façon plus scientifique, quel rôle joue l'environnement dans le développement de l'enfant ?

Plusieurs théories ont été explorées par les chercheurs[2].

• *Le courant maturationiste* estime que le développement se fait au rythme d'une maturation biologiquement prédéterminée. Le milieu extérieur agit comme facteur déclencheur de certains moments de cette maturation. Autrement dit, les stimulations de l'entourage mettent en route tout ou partie d'un moteur qui a été construit et qui ne vrombira que s'il est assez mature pour le faire.

• *Le courant empiriste* donne la toute-puissance à l'environnement de l'enfant. Un comportement inné (se mettre debout) va être renforcé par l'intervention des parents ou le désir de tout découvrir : « Je vais marcher afin de rejoindre le sourire de maman et découvrir tout ce qui m'intéresse. » Une fois acquis, le comportement persiste.

• *Le courant constructiviste* explique que l'enfant est activement impliqué dans son évolution. Il réagit aux sollicitations de son environnement et se construit de manière singulière. Il expérimente, tel un chercheur, et effectue ses propres conclusions.

• *Le courant nativiste* postule que l'enfant possède, dès la naissance, des mécanismes susceptibles de produire des

---

2. H. Lehalle et D. Mellier, « Les enjeux de la psychologie du développement », in *Psychologie du développement*, Paris, Dunod, 2002.

connaissances. L'espèce humaine dote les bébés de processus, lui permettant par exemple, d'acquérir le nombre ou le langage.

Ce dont nous pouvons être certains est que les chercheurs essaient de faire le lien entre nos potentiels de base et l'influence de l'environnement. Le débat est lancé depuis des décennies et il n'est pas prêt d'être clos, car toutes ces théories ont du vrai.

➤ *La connaissance a son rythme*

Le « cognitif » : être capable de connaître

Un animateur de radio, tout à la joie de me montrer des photos de sa fille âgée de 3 ans, me disait que bien sûr elle était une perle, un joyau et qu'en plus elle savait déjà compter jusqu'à 2 000. Je lui ai demandé pourquoi et dans quel intérêt il lui avait appris à compter si loin. Il faut reconnaître qu'avant une émission de radio je suis un peu stressée et je manque alors de finesse psychologique. Je pense que l'animateur s'est un peu vexé et je m'en excuse sincèrement aujourd'hui, car il était clair qu'il ne me demandait pas mon opinion sur le sujet et pensait que sa fille était intellectuellement très douée. Même les « psys » manquent parfois de « psychologie » !

Mais il est vrai que je ne suis pas éblouie par les mathématiciens ou autres savants en herbe. En réalité, à cet âge, un enfant sait répéter de manière « automatique » une comptine et pourquoi pas une chanson qui enchaîne des nombres, mais comprendre les notions mathématiques telles que 5 est supérieur à 3 et inférieur à 6, par exemple, sont des apprentissages qui s'acquièrent plus tard. Un enfant qui connaît une comptine qui va jusqu'à 150 connaît une comptine, il ne sait pas que 150 est supérieur à 100.

C'est à Piaget[3] que l'on doit la description la plus systématique de l'organisation du développement cognitif opératoire.

Le développement cognitif opératoire, c'est-à-dire le fait de « connaître », de « comprendre » des notions, qu'elles soient scientifiques, littéraires ou autres, se fait par étapes successives au même titre que le développement physique et moteur.

Au départ, un enfant emmagasine des représentations élémentaires qu'il découvre dans son environnement, petit à petit il crée un lien entre elles et leur donne un sens logique. Un enfant même petit peut vous citer des lettres ou des chiffres, mais comprendre le lien linguistique ou mathématique nécessite qu'il ait atteint le stade de développement cognitif correspondant à cette logique.

Le concept de « stades » est essentiel dans le développement de l'enfant.

Le premier stade est « sensori-moteur » : l'enfant développe progressivement ses capacités sensorielles et motrices. Il élabore des actions de plus en plus complexes. Il sent, touche, goûte, manipule les objets et apprend ainsi naturellement à les maîtriser et à les connaître. Il s'en fait une représentation mentale, c'est-à-dire qu'il intériorise ses actions et peut s'en souvenir, même en l'absence de l'objet.

Le deuxième stade est celui des « représentations » : il s'agit d'une longue période au cours de laquelle l'enfant regroupe en catégories les actions intériorisées. Ainsi, ce scientifique en herbe va regrouper le fait que si l'on emplit un seau de sable ou un verre avec de l'eau et qu'on les

---

3. J. Piaget, « Les stades du développement intellectuel de l'enfant et de l'adolescent », in P. Osterrieth, J. Piaget, R. de Saussure, J. M. Tanner, H. Wallon, R. Zazza, B. Inhelder, A. Rey, *Le Problème des stades en psychologie de l'enfant*, Paris, PUF, 1956.

retourne, le sable et l'eau se répandent sur le sol. Attention, ne croyez pas qu'il a déjà compris la loi de gravitation ! Il va lui falloir quelques années pour mettre un lien logique (physique, mathématique, linguistique...) entre ces représentations mentales. Lorsqu'il y arrivera, on pourra conclure qu'il a atteint *le troisième stade, celui des « opérations », encore appelé stade opératoire.*

Par exemple, vous pouvez expliquer à un enfant de 6 ans qu'un kilo de plumes est égal à un kilo de plomb, il vous croira puisque vous êtes ses parents et que votre parole est sacrée, mais ce n'est que quelques années plus tard qu'il le *comprendra.*

Pourquoi vous ai-je parlé de ces stades ? Afin que vous compreniez que les enfants ont un rythme de développement assez codifié passant par des étapes successives ayant un début, une évolution et un passage à l'étape suivante. Je le répète, s'il vous paraît évident de ne pas mettre un enfant sur une bicyclette avant qu'il n'y soit prêt sur le plan moteur, de même vous devez comprendre qu'inculquer des notions intellectuelles sans que votre enfant ait atteint le stade cognitif pour les comprendre entraîne le risque de renoncement et de manque de confiance en soi.

✔ ***Les enfants ont un développement cognitif assez codifié. L'évolution se fait de façon naturelle. Nous n'avons aucun pouvoir sur la vitesse de mise en place de ces stades.***

Vous verrez donc sans doute votre enfant être en avance dans certains domaines et en retard sur d'autres, surtout ne vous inquiétez pas ! Votre enfant suit juste le cours naturel de son développement (je ne parle pas bien sûr de gros retards globaux).

Ne pas vouloir tenir compte de la personnalité et du développement naturel d'un jeune peut aboutir à créer de véritables singes savants démunis et anxieux dès qu'il s'agit d'utiliser une certaine logique. En effet, le savoir tout prêt, en laissant moins de place à l'initiative, à l'imagination ou à la création, empêche dans une grande mesure l'enfant de développer un sentiment de compétence ainsi que les stratégies de compréhension face à des situations nouvelles. N'ayant pas appris à réfléchir, à se tromper, à tester d'autres méthodes afin de s'adapter aux situations d'apprentissage, le robot répétiteur se trouve démuni face aux aléas de la vie quotidienne et de son cortège de situations non programmées. De plus, gavé d'informations qu'il ne peut encore comprendre, il finit par ne plus vouloir apprendre. Voyant qu'il ne peut correspondre aux attentes de ses parents, il se dévalorise. Afin d'éviter la tristesse éprouvée lors d'un regard négatif sur ses éventuels échecs, il préfère renoncer à affronter les situations nouvelles. Il a perdu confiance en lui.

Revenons au cas de François :

> François, en était là. Ses parents, espérant qu'il réussisse au mieux sa scolarité, avaient un peu trop anticipé le développement de ses compétences. En désarroi face à leurs exigences, il avait préféré abandonner en adoptant un comportement d'opposition dès que l'on prononçait les mots : « travail, goût de l'effort, sérieux... ». L'entretien avec lui m'a permis de comprendre que ses attitudes de refus, sa rancœur fraternelle et son côté mauvais joueur reflétaient un manque de confiance dans ses qualités. Grâce à son jeune âge et à des parents compréhensifs, il a été facile pour François de reprendre confiance.

✔ *Chaque enfant a un rythme de développement intellectuel et affectif qu'il faut respecter si l'on veut qu'il se sente en confiance dans ses apprentissages.*

Prendre conscience de soi

La connaissance de soi est l'élan vital et le but de l'humain. Cette recherche commence dès le premier cri et est la base de la force créatrice, de l'ambition de chacun. Vous avez des rêves d'épanouissement pour vos enfants ? Ils en ont aussi.

À la naissance, le nourrisson est persuadé que son enveloppe charnelle et celle de sa mère ne font qu'un. Il découvre rapidement qu'il a une existence propre et différenciée. Il doit alors s'approprier l'espace et se reconnaître au sein du monde terrestre. La reconnaissance du corps dans l'espace a pour support anatomique une partie du système neurologique appelée proprioception. Mais corps et personnalité ne font qu'un et, sans une conscience de soi, il ne peut y avoir de bonne perception de l'espace. C'est pour cette raison que votre pédiatre vous parle du développement psychomoteur de votre bébé. Vous pouvez apprendre la droite et la gauche à un enfant, mais afin qu'il s'analyse dans cette géométrie, il doit d'abord se définir comme un individu à part entière.

Notre chercheur en quête de soi est doté d'un pouvoir inné : l'envie irrépressible d'explorer son environnement. Il goûte, flaire, écoute, tâte, agrippe, touche et réitère l'opération tant qu'il n'a pas la conscience de connaître. Peu importe si maman en assez qu'on lui tire les cheveux ou que de petites pognes malhabiles s'écrasent dans l'assiette faisant valser son contenu. L'acquisition de la marche et le contrôle de la préhension ouvrent un horizon démesuré, mais qui se délimitera grâce à la vigilance affective des parents.

✔ *Chaque prise d'initiative motrice d'un tout-petit est le moyen pour lui de comprendre qui il est et comment il se positionne dans l'espace.*

Afin qu'un enfant s'émancipe, il doit provoquer son univers et sa connaissance de soi. Le rôle de ses parents est de l'accompagner et de l'aider à tirer les conclusions utiles à son devenir. Cette quête initiatrice doit être encouragée car elle est la base du savoir. Pour connaître, pour se connaître, il faut avoir envie d'apprendre.

✔ *Pour maintenir cette soif de connaissance, il faut que l'enfant ait confiance en lui et en ses expériences. Un enfant initiant et confiant est un futur savant !*

Afin d'éviter le « traumatisme » d'un échec éventuel, certains parents anticipent ou dévalorisent les tentatives d'autonomie : « Je vais faire ton cartable, car sinon tu vas oublier des affaires et tu vas te faire disputer par la maîtresse. » Ce genre de phrase est assassine pour la confiance en soi. Bien sûr, l'idée est de protéger d'une enseignante acariâtre, mais le message transmis est : « Tu n'es pas capable, je ne te fais pas confiance », et la conséquence est l'inhibition de l'initiative et de l'envie de faire par soi-même.

Paradoxalement, dire à l'enfant : « Je vais te montrer comment il faut faire » est tout aussi inhibiteur. L'adulte se pose en modèle parfait à imiter. Bien souvent, votre enfant le fera car il vous idolâtre et croit que tout ce que vous réalisez est génial. Il pensera aussi qu'il ne faut pas tenter de faire autrement sous peine de vous décevoir. Au lieu d'essayer, il ira immédiatement vous demander comment il faut faire. Mais ces bons imitateurs se retrouvent démunis dès que vous n'êtes plus là. L'expérimentateur inné sera bridé et dépendant de votre expérimentation acquise.

Je sais qu'il est parfois rageant de ne pouvoir épargner à votre enfant les échecs qui vous ont tant coûté naguère. La période la plus difficile est l'adolescence. Vous aurez beau avoir parlé, expliqué, prévenu, transmis votre expérience, vous n'empêcherez pas la première cigarette, le premier joint, la première cuite, les déceptions amoureuses… Et en plus vous passerez pour de vieux ringards. Ne vous sentez pas attaqués, car en réalité les adolescents sont très sensibles à votre transmission du savoir. Repensez à l'apprentissage de la bicyclette. Dans les faits, vous attendiez le moment où votre enfant confiant et ayant compris vos consignes vous dirait de le lâcher. C'est ce que font les adolescents. À vous de leur faire confiance et de vous faire confiance : ils reviendront toujours vers vous pour vous raconter leur succès ou leurs échecs, exactement comme le vélocipédiste revient fièrement après ses tours de roues ou pour se faire consoler après une chute.

✔ *Le propre du bébé humain est de prendre son autonomie et de devenir indépendant. C'est son avenir et pour y arriver il est dans l'initiative exploratrice. L'enfant cherchera toutes les occasions d'entamer des expériences lui permettant de s'aguerrir face aux aléas de la vie, mais aussi de mieux se connaître. Peu importe qu'il réussisse ou non ses tentatives, elles forgent son caractère.*

Se connaître, c'est se différencier des autres

Notre apprenti expérimentateur sait aussi de manière innée qu'il est un être social et qu'il doit développer sa personnalité afin d'acquérir son indépendance. Certains traits de son tempérament sont ancrés bien avant sa naissance, votre éducation ne fera que les moduler. On a longtemps culpabilisé les mères d'enfants anxieux en leur disant qu'elles les avaient trop protégés. Vingt ans d'expérience avec ces mamans m'ont convaincue du contraire : dès la naissance elles sentent intuitivement que leur petit est plus anxieux que la moyenne ou que leurs autres enfants et qu'il faudra se montrer plus encourageante avec lui.

Avant même la procréation, les parents imaginent un enfant idéal et là encore il ne s'agit pas de le leur reprocher. A-t-on jamais vu un futur parent envisager que son fils ait un bras en moins, sera laid et débile mental ? Mais il y a un moment où l'enfant prend conscience du décalage entre ses aspirations personnelles et cette icône imaginaire, alors il s'oppose. Attention, opposition ne veut pas dire conflit ! Selon le dictionnaire, s'opposer, c'est ne pas aller dans le même sens. Prenez deux peintres par exemple, tels Modigliani ou Rembrandt, ils sont en totale opposition et pourtant ne sont-ils pas tous les deux extraordinaires ? Très jeune, un enfant a des envies dictées par le plaisir qu'elles lui procurent. Il tentera d'obtenir ces plaisirs soit par la séduction soit par l'opposition. Ces deux techniques supposent qu'il vous connaisse parfaitement et sache comment jouer avec vos sentiments.

✔ *Ne pensez pas que votre enfant vous manipule, comprenez au contraire qu'il s'agit d'un travail de connaissance de soi : votre enfant sait maintenant se différencier et jouer de sa personnalité en fonction de la vôtre.*

Il se socialise émotionnellement et sa palette relationnelle va s'élargir graduellement. Dès 5 mois, il différencie les étrangers de ses proches. Petit à petit, il jouera sur des registres différents selon ses interlocuteurs, en famille tout d'abord, avec son entourage, puis avec ses pairs ou ses enseignants. Les liens émotionnels tissés lui renvoient une image de soi dont chaque reflet va servir à l'édifice de sa personnalité.

> Cette période d'opposition peut être extrêmement difficile à vivre avec certains enfants que j'appelle des « étalons ». Ils ont entre 3 et 5 ans et épuisent leur famille. Ils raisonnent très vite, ont un vocabulaire hors du commun et questionnent sans arrêt sur le pourquoi et le comment de la vie, de la mort, des relations humaines. Ils ont un franc-parler qui peut séduire ou choquer les adultes. Ils ne peuvent rester en place. En excellents explorateurs ils sont toujours en quête d'une nouvelle activité à découvrir. À la maison, ils sollicitent en permanence leurs proches par leurs questions et leur fougue. Il est impossible d'avoir une conversation intime ou une communication téléphonique sans les voir immédiatement intervenir. Par contre, la banalité des consignes à respecter les ennuie profondément et ils ne se gênent pas pour le faire savoir haut et fort. En classe, ils sont toujours les premiers à vouloir répondre, font des commentaires sur ce que dit ou fait l'enseignant, mais dès qu'il s'agit d'apprendre « bêtement » une table de conjugaison, ils semblent tout à coup devenus imperméables. Ces étalons sont promus à un bel avenir en terme de développement cognitif... À condition de ne pas chercher à les transformer en chevaux de reprise de manège et de ne pas brider leur soif de connaissance.

Les valeurs de l'enfance doivent elles aussi suivre un cours temporel qui, s'il n'a pas été authentifié par ses spécialistes, doit tout de même être respecté. Je suis souvent étonnée par les adultes qui demandent à des enfants de maternelle s'ils ont un ou une amoureuse. Là où les petits jouaient à faire semblant d'être papa et maman, voilà qu'on les propulse dans un monde dont ils ne maîtrisent même pas le vocabulaire.

> Je me souviens de Marianne, 4 ans, qui prétendait avoir un fiancé. Étonnée, je lui demandai : « Comment sais-tu qu'il t'aime ?
> — Ben, il me l'a dit et m'a même embrassé sur la bouche !
> — Et qu'en as-tu pensé ?
> — C'était pas terrible ! »
> Pablo, 9 ans, m'a été amené par ses parents pour une menace suicidaire. Il avait été à une « boum » (eh oui j'ai bien dit une boum, avec DJ et absence des parents). Une cavalière lui ayant refusé une danse, il avait hurlé devant tous les enfants affolés qu'il allait se tuer.
> Henri, 11 ans, était horrifié par les films pornographiques qu'il regardait en compagnie de deux camarades sur Internet.
> Annabelle, 12 ans, habillée en « Lolita », laissait dépasser son string dans le bas de son dos, mais ne supportait plus les agressions verbales des garçons.
> Victoire, 14 ans, cauchemardait sur sa première fellation. Elle avait voulu faire comme ses copines qui la trouvaient en retard dans le domaine de la sexualité.

La construction de l'individualité enfantine est une pyramide qui va s'effriter lors de la puberté.

✔ ***Face à l'opposition d'un enfant particulièrement désagréable, n'anticipez pas la gravité des conflits que vous rencontrerez avec lui à l'adolescence. Il n'y a aucune relation entre les deux.***

S'il existe un tempérament de base, la labilité de la connaissance et l'expression de soi sont telles que vous ne pouvez présager de son évolution au-delà de quelques mois.

À l'adolescence, le jeune sentant intuitivement son individualité cherche un compromis entre celle-ci et ce que ses camarades attendent de lui. Il doit maintenant forger et comprendre sa personnalité essentiellement en relation avec ses pairs. Il doit s'individualiser, s'autonomiser et trouver sa place dans une société qui a bien changé par rapport à celle de ses parents. Durant plusieurs années, il oscille dans ses choix entre se différencier totalement de sa société ou au contraire s'inhiber afin d'entrer dans le moule. Son tempérament inné, ses liens d'attachement, ses expériences de vie antérieure vont l'aider à avoir un « moi » cohérent. Celui-ci aura des fondations solides à condition qu'elles soient cimentées par une confiance et une bonne estime de soi sociales et personnelles.

Que retenir ?
Laissez le temps au temps

- Tout pousse à anticiper :
  - La peur du chômage.
  - Une société où priment compétitivité et performance.
- C'est une hérésie !
  - Les enfants sont nés pour apprendre.
  - Le rythme de développement est à la fois universel et propre à chacun.
- Faites confiance au temps :
  - Stimulez sans mettre la pression.
  - Accompagnez et encouragez sans anticiper.

CHAPITRE 2

Vous faire confiance

Vous ne vous êtes pas angoissée. Lorsque votre bébé s'est mis debout, à aucun moment vous ne vous êtes posé la question de ses futurs résultats vélocipédiques comme vous le faites actuellement pour sa scolarité primaire alors qu'il n'est qu'en maternelle. Vous ne vous êtes pas non plus inquiétée sur le moment où il serait capable de faire du vélo. Le fera-t-il avant, après, plus vite, mieux que ses petits camarades ?

Le stress d'être parents aujourd'hui

Les parents ont-ils jamais été aussi préoccupés de l'avenir de leurs enfants qu'aujourd'hui ? Comment expliquer cette anxiété ? Un rapide retour sur l'évolution des notions de parentalité et d'enfant au cours des siècles passés nous montre que notre anxiété est surtout à la hauteur de l'investissement accru des parents dans le bonheur et le bien-être de leurs enfants.

➤ *L'instruction entrée en force dans les chaumières*

C'est au siècle des Lumières que l'on voit apparaître, en France, les premiers écrits éducatifs notamment avec la parution de l'*Émile*, de Jean-Jacques Rousseau. L'impact fut probablement plus littéraire que pragmatique. Il faut dire qu'à l'époque, et jusqu'à la fin du siècle dernier, la notion de parentalité n'existait pas.

Dans les milieux défavorisés, les enfants naissaient sans choix, mouraient très jeunes et étaient le plus souvent considérés comme une bouche de plus à nourrir. Ils devaient rapidement trouver un moyen de survivre et ne manquaient à personne lorsqu'ils quittaient le domicile.

Dans les milieux bourgeois, ils étaient d'abord « élevés » par des nourrices puis « éduqués » par des professeurs à domicile ou dans des écoles religieuses. La principale préoccupation des parents était la transmission du patrimoine à l'aîné de la famille ou son expansion grâce aux mariages dotés des filles.

Contrairement à ce que l'on pourrait penser, le mariage n'était pas une valeur aussi « sûre » qu'elle l'a été par la suite au XXe siècle. Si la morale prônait la fidélité et l'union jusqu'à la mort, les mœurs s'accommodaient de petits compromis. Dans l'aristocratie, les mariages arrangés étaient souvent étayés par des amants ou des maîtresses officielles. Choderlos de Laclos a décrit dans *Les Liaisons dangereuses* les méandres des arrangements au sein de cette société particulière. La bourgeoisie a imité. Comme si, pour montrer son aisance, il était de bon ton d'entretenir une liaison extraconjugale. La classe ouvrière se mariait peu religieusement et les hommes ne se considéraient pas nécessairement comme des chefs de famille. On a constaté que le droit au divorce, voté en 1792, a été très utilisé dans les années 1798-1799, au cours desquelles un mariage sur trois fut dissous, souvent à la demande des épouses.

L'industrialisation du pays crée de nouveaux emplois et de nouvelles valeurs. L'instruction publique se développe, grâce au ministre Jules Ferry qui instaure la gratuité, la laïcité et l'obligation de l'enseignement primaire en 1882[1]. Une nouvelle classe de travailleurs apparaît : le prolétariat. Les femmes y sont nombreuses. Devenues plus indépendantes financièrement, elles essaient, par des moyens de fortune, de mieux contrôler les naissances afin de conserver leur travail. Elles consacrent une part de leur maigre revenu à l'instruction de leurs aînés, espérant pour eux une vie meilleure.

La Première Guerre mondiale décime la jeunesse masculine. La société, sans le reconnaître, se voit contrainte d'employer les femmes et de les faire accéder à des situations réservées jusque-là aux hommes. Les mères de toutes les classes sociales commencent à pousser leurs enfants, garçons et filles, à se donner les moyens d'avoir un métier grâce à l'instruction.

L'après-Seconde Guerre mondiale réinverse ce processus. Si l'enseignement reste obligatoire pour les deux sexes, les garçons sont à nouveau les plus encouragés à faire des études. La notion de famille se développe. Le mariage se sacralise et il devient un investissement à long terme.

Dans les années 1950 à 1970, on encourage la natalité. Si les filles vont à l'école, on attend surtout d'elles qu'elles

---

1. Jules Ferry : loi du 28 mars 1882.

se marient et aient des enfants. La femme est la garante de la cohésion familiale et de l'éducation enfantine. Elle doit être une bonne épouse capable de garder son mari au sein du foyer conjugal car toute séparation familiale reste diabolisée. Chef de famille, l'homme est responsable de l'autorité et de la subvention matérielle, aussi doit-il absolument suivre des études.

Ces notions volent en éclats dans les années 1970-1980. La nouvelle génération de femmes réclame un autre statut. Les bancs des universités se féminisent à nouveau. Les mères, tout en respectant leur rôle au sein de la famille, transmettent à leurs filles la nécessité de l'autonomie financière.

Si, dans les années 1960, les parents pensaient que leurs fils devaient avoir un bon métier et leur fille faire un beau mariage, les parents d'aujourd'hui sont eux inquiets pour l'instruction de tous leurs enfants.

➤ *De l'enfant inopportun à l'enfant roi*

Si procréer est l'essence même de l'humanité, l'enfant est récemment devenu souverain dans l'histoire de nos sociétés développées.

Jusqu'à la fin du XIXe siècle, il « dérangeait » et n'était considéré que lorsqu'il devenait adulte, c'est-à-dire vers l'âge de 13 ans. Au sein des classes défavorisées, le grand nombre de naissances était vécu comme pesant : une bouche de plus à nourrir que les mères chassaient de leurs jupes comme l'on repousse une guêpe virevoltante.

Chez les bourgeois et les aristocrates, ils étaient confiés à d'autres, n'apparaissant que de temps à autre afin d'épater la galerie. Toutefois, ils devaient avoir une bonne éducation morale et religieuse faisant fi de leur personnalité. Ils n'étaient que des adultes en miniature qu'il fallait modéliser selon les principes de la place sociale qui leur était allouée.

Dans tous les cas, l'enfance ne dépassait pas le cadre de la puberté et la notion d'adolescence n'existait pas.

Un médecin autrichien, Sigmund Freud, va, au début du XXe siècle, révolutionner le regard porté sur le petit humain. Ce médecin proclame que les enfants ont une personnalité et un développement psychologique qui leur sont propres. Ils sont sensibles aux événements de vie, peuvent être traumatisés par leurs géniteurs et ont même une sexualité. Ces travaux, poursuivis par la fille de Freud, Anna mais aussi par Melanie Klein, Winnicott et d'autres vont totalement changer la parentalité. Les parents ne sont plus seulement des géniteurs et des éducateurs, ils doivent aussi assurer le bien-être psychologique de leurs enfants au sein d'une famille harmonieuse et non traumatisante.

✔ ***Il faut maintenant être un « bon » parent : bienvenue à la peur et à la culpabilité de ne pas être à la hauteur de la tâche !***

La durée des études augmentant, la notion d'adolescence apparaît. En France, dans les années 1970, c'est notamment à Françoise Dolto[2] que l'on doit le statut si particulier de l'adolescence. Elle décrit les méandres psychiques de cette tranche d'âge sous le vocable de « complexe du homard ». Ces jeunes sont en mue physique, intellectuelle et sociale. Mais, si auparavant cette transformation se

---

2. F. Dolto, C. Dolto, *Paroles pour les adolescents ou le complexe du homard*, Paris, Hatier, 1989.

faisait hors du foyer, les parents sont aujourd'hui les témoins de la crise d'adolescence.

La psychanalyse a donné une vie psychique aux enfants : enfin ils quittaient le statut d'objets à modeler par l'éducation et l'autoritarisme !

✔ *Mais la psychanalyse a introduit un concept qui a fait des ravages : le traumatisme infantile. Mal compris et mal utilisé, il a culpabilisé de nombreuses mères qui ne savaient plus comment faire pour éviter une éventuelle souffrance psychologique indélébile à leur enfant.*

S'instaure alors l'âge d'or des enfants, ceux-là mêmes qui, il y a encore quelques années, n'avaient pas le droit de parler à table et de se mêler de la conversation des grandes personnes. Il faut maintenant les écouter et les respecter, et c'est tant mieux. Mais la peur du traumatisme a créé le « il est interdit d'interdire ». Le parent souhaite devenir un copain avec qui l'on peut parler de tout. Il faut éviter le conflit, y substituer le dialogue et laisser s'épanouir librement la personnalité.

✔ *Or l'enfant a besoin de s'opposer afin de se connaître et d'avoir des limites rassurantes à son désir de toute-puissance. Il doit avoir confiance en des parents qui sauront l'empêcher de se mettre en danger et qui lui transmettent leurs valeurs générationnelles.*

Avec le contrôle de la natalité, l'enfant est devenu rare et précieux. Son devenir est au premier plan des préoccupations des parents, qui ne travaillent plus seulement pour le nourrir mais aussi pour lui assurer une adolescence et des études, études quasi interminables actuellement en raison de la précarité de l'emploi. Être parent est devenu un art et un métier qui s'apprend et demande de se renouveler sans cesse. Comme dans tout job actuel, il faut être le meilleur, le plus performant et lutter au jour le jour face au risque de chômage. Le stress en entreprise est né dans les années 1980, celui d'être parent a suivi. Alors qu'il suffisait d'élever et de subvenir aux besoins matériels, aujourd'hui il faut (c'est un impératif) être un coach de développement et d'épanouissement physique, psychologique et intellectuel de son enfant. Le moindre dérapage et nous voilà fautifs. Votre enfant est autiste ? « C'est normal vous le détestez » ; Il fait pipi au lit ? « Quelle idée de lui avoir collé un petit frère ou une petite sœur ! » Il a des difficultés de concentration ? « Mais, Madame, au lieu de travailler durement pour lui offrir une vie agréable, restez donc à la maison et surveillez ses devoirs ! » Il a des problèmes à l'école et vous voilà face à la psychologue qui vous demande si votre couple va bien. Même les politiques s'en mêlent. Si votre enfant a des comportements délictueux, c'est encore de votre faute, à vous parents qui habitez dans une cité. Vous ne le surveillez pas assez et d'ailleurs vous serez sanctionnés par une restriction de vos allocations familiales... Ma colère est intense face aux procès d'intention systématiquement faits aux parents. Je ne dis pas qu'ils ne font pas quelques erreurs, mais la stigmatisation à outrance n'aide en rien face au stress d'être des parents du troisième millénaire.

➤ *Être enceinte : quel bonheur !... et quelle angoisse !*

Grâce au contrôle de la natalité, être enceinte est le plus souvent un désir, et le futur bébé est sublimé au sein d'un couple s'investissant avec amour dans ce projet. La médicalisation des grossesses protège au mieux la mère et l'enfant. Toutefois nos atavismes émotionnels ne peuvent nous empêcher de nous inquiéter. Les mots « clinique », « échographie », « surveillance médicale » ou « péridurale » réveillent nos peurs archaïques de perdre le bébé. Le meilleur accès aux informations obstétricales fait découvrir qu'un enfant peut être porteur de multiples anomalies. Je me rappelle que lorsque étudiante en médecine je potassais l'embryologie, j'en étais arrivée à me demander comment il était possible d'avoir un enfant normal. Il faut reconnaître que la nature est bien faite et que des milliers de bébés naissent chaque jour en parfaite santé.

✔ *Mais l'assurance d'une bonne santé physique ne suffit plus. Il faut aussi que le fœtus ne soit pas stressé.*

Des études psychologiques ont montré que le fœtus est sensible aux émotions maternelles : il *faut* donc que la parturiente soit sereine à tout moment ! Combien de mères culpabilisent des années plus tard, devant les difficultés d'un enfant, d'avoir été angoissée durant leur grossesse pour des raisons pourtant tout à fait légitimes. Durant ces neuf mois, les femmes deviennent consommatrices de livres leur apprenant à devenir de « bonnes mères ». L'ennui, dans ces livres, est qu'ils sont lus durant une période où les futures mamans sont stressées et où elles ont tendance à ne retenir que les erreurs qu'elles pourraient commettre. Il fut un temps où les femmes devenant mamans se souvenaient de leur enfance et choisissaient ou non de s'identifier à leur mère. Les jeunes mamans trouvaient l'information auprès des femmes de leur entourage, mères, grands-mères… Aujourd'hui, elles essaient de s'identifier à une image livresque qui ne leur correspond pas forcément, et face à laquelle elles se retrouvent seules avec leur stress.

> Une jeune femme médecin vint me voir pour un conseil. Enceinte, elle était en proie à un conflit personnel. Lorsque son gynécologue lui avait demandé si elle désirait allaiter, sa première pensée avait été : « C'est vrai qu'un bébé ça peut aussi se nourrir au sein ! » La pensée peut paraître irrationnelle, surtout venant d'un médecin. Elle en était elle-même consciente et, en bonne praticienne, elle s'était renseignée sur l'allaitement en lisant ce que les spécialistes avaient écrit sur le sujet. Pour eux, l'allaitement n'avait que des avantages : meilleure protection contre les maladies, relation mère-enfant sécurisante… En théorie, elle n'avait donc pas d'autre choix que d'allaiter. Oui, mais elle ne se sentait pas en harmonie avec l'image de la mère en extase, son nourrisson au sein. Et elle pensait ne pas être une « bonne mère ».

À vous qui me lisez aujourd'hui, je voudrais faire passer le message que contenait ma réponse à son inquiétude. Tous les spécialistes que vous consultez vous livrent une expérience théorique et clinique basée sur une formation et une pratique que vous n'aurez sans doute jamais. Mais je voudrais que vous vous fassiez confiance ! Ce livre, comme d'autres, vous proposera des conseils ou des avis que notre expérience nous autorise à vous transmettre dans le respect de la déontologie. La relation avec votre enfant est unique, singulière et ne peut se généraliser. Nos propos doivent vous servir de pistes, de conseils, d'idées auxquelles vous n'auriez peut-être pas pensé. Mais, lorsque vous les lirez, ne les suivez pas aveuglément ou à contrecœur. Posez-vous cette question : Comment utiliser « à ma manière » les suggestions qui me sont faites ?

C'est la question que j'ai posée à ma patiente.
Elle a su alors que, si elle allaitait contre son gré, l'échange avec son bébé ne serait pas celui qu'elle voulait car elle ne se voyait pas en mère allaitante. Elle a donc fait des périodes de nourrissage au biberon des moments relationnels privilégiés avec son nourrisson qui semblait les adorer. Le bébé est aujourd'hui une jeune fille qui va bien et entretient d'excellentes relations avec sa mère. Les spécialistes se sont-ils trompés ? Non, cette maman a su combiner une confiance dans le savoir des experts en pédiatrie et ses aspirations de mère. Faites-en de même !

➤ *L'enfant précieux : que d'inquiétude !*

Si les grossesses normales sont déjà source d'anxiété, que dire des arrivées particulières de l'enfant – procréations assistées, adoptions, naissances à haut risque de danger vital ? Les charges émotionnelles autour de ces enfants sont intenses tant en termes d'amour que d'inquiétude. À écouter les parents concernés, une naissance hors norme serait responsable de la moindre difficulté psychologique. « Il est né par fivète », « Il est adopté, alors vous comprenez... ! » Il apparaît surtout que la littérature spécialisée n'a pas été suffisamment rassurante pour ces parents qui imaginent qu'une grossesse différente ou menée par une autre entraînera forcément des conséquences psychologiques sur le long terme. Or leurs enfants comme les autres sont acteurs de leur développement, ils sauront utiliser leurs compétences innées et acquises pour forger leur personnalité. Ils auront aussi des périodes de difficultés psychologiques au même titre que d'autres.

✔ ***L'origine de la naissance ne doit en aucun cas être systématiquement vécue comme la cause et la justification de tous les obstacles.***

Les parents les plus anxieux, et à juste titre, sont ceux dont les enfants ont dû être hospitalisés en néonatalogie. Voir sa « crevette » au travers d'une couveuse, lutter pour sa survie les marquent à jamais. Des informations médicales sont régulièrement fournies. Mais, transparence oblige, tous les aspects de l'évolution possible sont abordés. Deux problèmes à cette franchise : la formation n'apprend pas suffisamment aux futurs médecins comment parler aux patients (d'ailleurs bon nombre de services recourent aux services de psychologues comme intermédiaires qui, eux, ne sont pas formés à la médecine) et les parents anxieux, ont tendance à n'entendre que les facteurs de mauvais pronostic. À la sortie l'enfant est devenu « précieux » aux yeux de ses géniteurs. Les parents deviennent des guetteurs, épiant le moindre fait ou geste, s'inquiétant sur un quelconque rhume ou retard psychomoteur. Ils mettent des années à se rassurer sur le devenir de l'ancien bébé fragile, qui en profite souvent pour faire la loi à la maison, car ses parents n'osent pas le frustrer. S'il garde un handicap, la culpabilité est de rigueur.

> Lorsque Julien est né, il a fait une infection urinaire, une semaine après mon retour de la maternité. J'ai bien entendu qu'il pleurait souvent, mais c'était mon premier, et mon pédiatre m'avait dit que je m'inquiétais pour rien. Huit jours plus tard, il a été hospitalisé parce qu'il était déshydraté. Je me souviendrai toujours de mon petit bout perfusé de toute part. Depuis, je ne peux m'empêcher de culpabiliser : j'ai failli laisser mon fils mourir à petit feu sans rien faire !

Les mères sentent lorsque leur enfant est en danger, et ne pas avoir su ou pu le protéger laisse une marque indélébile. Dès le moindre bobo ou fébricule de Julien, « SOS médecins » était appelé et l'enfant retiré de l'école. Il aura fallu cette confession de culpabilité de la mère, pourtant innocente de ce dont elle s'accusait, pour que je comprenne pourquoi Julien s'inquiétait tant aux sujets de toutes les maladies.

Couper le cordon sans stress ?

➤ *Les premières séparations : le dilemme des mères*

Mettre son enfant en crèche est toujours un dilemme pour les femmes. Qu'elles aiment ou non leur travail, depuis les années 1950, les mères sont culpabilisées par la société qui distille régulièrement les bienfaits de l'omniprésence maternelle. Les pères semblent ne pas être nécessaires ?! Les *working girls*, elles, doivent jongler avec les horaires de la crèche ou avec le coup de fil impromptu, les assignant à revenir chercher leur « petit-bout-qui-n'est-vraiment-pas-bien-et-est-en-train-de-contaminer-tout-le-monde ». Les plus anxieuses en ce domaine sont celles qui aspireraient à rester à la maison mais sont contraintes financièrement à avoir un emploi qu'elles n'investissent plus. Résultat, elles sont sans cesse stressées, avec une organisation où il n'y a pas de place pour le ludique. Leur état de tension permanente risque de conduire leurs enfants à croire que, s'ils n'étaient pas là, leur mère serait plus heureuse.

D'autres contradictions psychologiques sont à gérer : il s'agit d'être mère, mais aussi de rester une femme et une épouse.

Ai-je le droit, alors que je travaille, de voler quelques instants de ma présence à mes enfants pour faire de la gymnastique avec mes copines ? Mon mari me reproche de ne plus sortir seule avec lui, mais les pauvres, ils nous voient si peu souvent ! Le week-end, on voudrait faire la grasse matinée, mais ils ont trop besoin de nous alors nous ne nous reposons pas. Le soir, lorsque je rentre du travail, je dois faire faire les devoirs puis préparer à manger pour tout le monde et enfin faire le ménage. Je m'écroule et n'ai plus de vie sexuelle. Je ne sais plus comment mener tout de front et je m'inquiète dès que mes enfants ont des problèmes à l'école. Je me dis que tous ces sacrifices ne servent à rien et je leur en veux.

Mme M. venait me voir car ses deux enfants avaient des difficultés scolaires, difficultés que nous avons analysées ensuite comme une crainte de décevoir leur mère.

Déstressons !

Certes les enfants ont besoin de la présence de leurs *deux* parents, mais pas de mamans irritables qui laissent croire qu'ils sont une contrainte. Apprenez à partager avec le père. Beaucoup de mères me disent que les hommes ne savent, ne peuvent ou ne veulent pas faire. La réalité est souvent autre. Je propose souvent aux mamans ressemblant à Mme M. de faire la grève de la gestion du quotidien. Très réticentes au départ, elles réalisent rapidement que la petite famille s'organise, certes différemment, mais ça marche. Un peu vexées de ne pas être aussi indispensables qu'elles le croyaient, elles ne peuvent s'empêcher de demander à leur entourage pourquoi il ne s'était pas organisé avant. Elles ont la surprise de s'entendre dire que de la voir enfin plus « cool » apporte plus que le matériel et qu'ils avaient envie de continuer comme ça. S'ensuit en général une réunion de gestion du quotidien au cours de laquelle les tâches sont mieux partagées. La femme retrouve du temps pour elle, l'épouse passe des moments avec son conjoint et le tout sans culpabilité. Les enfants moins soumis au stress maternel et plus responsables de leur quotidien prennent confiance en leurs capacités et vivent l'école de manière plus harmonieuse.

Plus difficile encore, semble-t-il, est de passer le cap du partage des tâches pour les mères célibataires. Elles sont surmenées. Mais toutes celles à qui je recommande, alors que je les reçois en consultation, de faire participer leurs enfants aux tâches ménagères de la maison, me répondent : « Ils ont déjà l'école, alors, les pauvres, s'ils doivent se fatiguer en plus », ou : « Je veux qu'il travaille bien à l'école, c'est tout ce que je lui demande. »

Les mères qui ont décidé de ne pas travailler pour s'occuper de leur enfant le vivent souvent comme un sacerdoce. Elles deviennent les esclaves de l'éducation de leurs enfants. Ceux-ci ont toutes les raisons de croire que leur mère est à leur solde. La mère courage se sacrifiant à l'autel de la réussite scolaire de ses enfants devrait à mon sens disparaître.

➤ *L'entrée en maternelle : le grand lâcher*

Dès que le petit bout entre en maternelle, toutes les angoisses parentales se focalisent sur l'école.

> Les parents de Kevin, 3 ans, consultent à la demande de la maîtresse car leur fils n'arrive pas à s'intégrer en classe. Depuis la rentrée, il pleure tous les matins pendant deux heures, puis reste dans son coin et refuse de faire une quelconque activité. Malgré les sollicitations, il refuse de parler à ses pairs et, en récréation, reste assis à côté de l'enseignante. Le père, très en colère contre son fils, lui enjoint, lorsqu'il l'accompagne le matin, de changer de comportement sous peine d'être puni. Peine perdue et M. D. s'inquiète, car,

dit-il, son fils met en jeu son « avenir scolaire » en se mettant délibérément en retard par rapport aux autres.
Mme D. intervient alors et me décrit un papa particulièrement anxieux. Ayant perdu très jeune son père au cours d'un accident, il serait mort de peur à l'idée que son fils puisse se faire mal. M. D. confirme : je ne crois pas que de tomber ou se blesser ait une quelconque valeur d'expérience. Il oblige sa femme à être présente à tout moment auprès de Kevin et si, par malheur, Kevin se cogne, il le voit immédiatement mort. Il reconnaît couver trop l'enfant mais n'a pas l'intention de changer. « Je peux lui offrir une vie sans soucis et je le ferai », me déclare-t-il.
Je pointe alors au papa ce paradoxe : « Comment concevez-vous la différence entre une protection familiale de tous les instants et le lâcher seul en classe ?
— Mais l'école, c'est fondamental, je veux que mon fils fasse de bonnes études et il doit en passer par là et par les risques qui vont avec !
— Kevin va donc devoir apprendre. Il va parfois se tromper, ne pas savoir, ou ne pas comprendre. Ses difficultés au même titre que ses réussites sont inhérentes aux études. De même, ses relations sociales sont marquées par des disputes, des réconciliations, des bousculades en récréation. Étiez-vous prêt à accepter ces conditions en inscrivant votre fils en maternelle ? Avez-vous réussi à dépasser votre peur de la mort en envoyant votre fils seul en classe ?
— Je reconnais que mon inquiétude sur son avenir professionnel m'avait fait oublier mes craintes concernant les blessures et la mort. »

Mais Kevin, lui, reproduisait à l'école ce qui avait été attendu de lui jusque-là : rester près de l'adulte afin d'éviter tout accident.

L'histoire du père de Kevin est représentative. Des inquiétudes en milieu familial sont contrebalancées par l'angoisse de l'avenir scolaire. Quels que soient les sujets de peur des familles, elles ne tiennent plus face à la nécessité de la réussite de l'enfant.

Les fantasmes de succès prennent le pas sur tous les modèles éducatifs que les parents avaient jusque-là donnés à leurs enfants. Ainsi, Kevin avait été élevé dans un cocon et avait appris que l'extérieur et les autres pouvaient être dangereux. Parachuté en classe, il n'a pas compris le paradoxe parental qui maintenant lui demandait d'affronter seul les relations sociales et les apprentissages. Son père, suite à notre consultation, a su l'encourager à aller de l'avant, en prenant sur lui de ne plus être soumis à ses angoisses morbides.

Il faut reconnaître à la décharge des parents que certains enseignants sont aussi pourvoyeurs d'angoisse. En France, l'école des petits n'est pas obligatoire. Pourtant s'absenter doit être justifié au même titre qu'en primaire.

> Une amie me racontait que sa fille, âgée de 3 ans et demi, a dû s'absenter de l'école durant une semaine à cause d'une gastro-entérite. À son retour, elle s'est étonnée de voir, dès le lendemain, Ludmilla rechigner à l'entrée du matin, alors qu'elle adorait jusque-là jouer en classe. Après deux ou trois jours du même comportement, elle interroge sa fille longuement qui finit par lui dire que la maîtresse l'a punie et qu'elle ne peut plus aller en récréation. L'enseignante, consultée, a expliqué qu'elle utilisait le temps de loisirs pour « rattraper » le retard que Ludmilla avait pris pendant son absence.

➤ *Partager l'enseignement : que de conflits*

Mon métier m'amène à gérer des conflits entre les familles et l'école, et je constate fréquemment que tout le monde se renvoie la balle.

Les enseignants sont sous les feux de tir de parents anxieux et de plus en plus exigeants. Officiellement, les devoirs sont abolis, mais les maîtresses de primaire expliquent que ne pas en donner est mal vécu. Elles peuvent être taxées de laxisme quant à l'avenir. Parfois même, elles sont fustigées comme fonctionnaires, l'insultant ajoutant qu'il espère un meilleur avenir que celui d'instituteur pour ses enfants. D'autres parents font faire des devoirs non demandés le soir par crainte que leur enfant n'ait pas les mêmes chances que d'autres élèves soumis à cette obligation.

✔ ***Je rappelle que les élèves des autres pays ont moins d'heures de cours et réussissent pourtant tout aussi bien à s'intégrer au monde du travail.***

Par ailleurs, il est difficile pour les enseignants, d'imposer une discipline. Les punitions sont données avec parcimonie de crainte de voir débouler des parents fous furieux dans le bureau du directeur. Les parents n'hésitent plus à dénigrer la façon d'enseigner. En retour, l'élève, fort de la protection familiale, s'autorise à haranguer le professeur en plein cours.

Les parents se sentent aussi attaqués. Ceux dont les enfants ont des difficultés sont taxés de laxisme et d'incompétence. Les enseignants font valoir leur ancienneté et leur connaissance des apprentissages et ils ne voient qu'une seule raison aux problèmes de l'élève : le manque de rigueur et de travail. Disciplinée, la famille supprime alors les loisirs et impose des heures de devoirs qui deviennent de plus en plus conflictuels. Si la méthode est efficace pour quelques intolérants à l'effort, les autres développent un manque de confiance en eux et un dégoût rapide pour les apprentissages scolaires.

Cette mésentente parents-école ne fait que s'aggraver et pourtant les protagonistes ont le même objectif : le bien de l'enfant. Je ne saurais que conseiller le dialogue. Des réunions d'échanges doivent se faire régulièrement avec l'enseignant qui doit se sentir respecté dans son rôle et des parents qui font connaître la singularité de leur enfant. Ils trouveront ainsi le moyen de valoriser les compétences de l'enfant qui ne sera plus pris entre deux feux.

➤ *Votre propre vécu scolaire est-il une source d'angoisse ?*

L'entrée à l'école de vos enfants vous renvoie à votre propre cursus scolaire et à la carrière professionnelle qui en a découlé.
Certains sont déçus d'eux-mêmes :

> Je n'ai jamais été très bonne élève en primaire. J'ai arrêté tôt mes études avec un BEP de secrétariat. Mais je ne parle pas très bien les langues étrangères et je n'ai pas de spécialisation, me dit cette jeune maman de 25 ans. Je n'ai trouvé que des postes ennuyeux et je regrette depuis de n'avoir pas fait plus d'études. Je ne veux pas que cela arrive à mon fils.

Certains n'ont pas été aidés :

> Je suis issu d'une famille qui ne s'intéressait pas beaucoup aux études. Dès que j'ai été adolescent mes parents m'ont obligé à trouver un travail. Je suis un autodidacte, j'ai commencé par des petits boulots et j'ai réussi à monter ma propre entreprise qui marche bien. Aujourd'hui, il n'est plus possible d'avoir cette trajectoire de vie et je veux que mes enfants réussissent à l'école, car les diplômes sont indispensables.

Certains programment le devenir de leur enfant :

Il n'y a pas de fainéant dans la famille. Tous mes frères et sœurs ont fait de grandes écoles. Je suis moi-même polytechnicien comme mon père et mon grand-père. Il est hors de question que mes enfants fassent une école mineure.

Certains ont subi des revers de fortune :

J'ai un niveau bac + 8. J'ai été dans l'une des plus prestigieuses écoles de commerce et j'ai fait deux ans d'études de marketing aux États-Unis. J'ai été directeur de très grosses entreprises. Seulement la dernière a dû déposer le bilan et je me suis retrouvé au chômage. À mon âge, on ne m'attendait plus, les jeunes loups sont plus forts et prennent tous les postes. J'ai vécu un an de stress et de déprime. Aujourd'hui je suis consultant car les gens reconnaissent tout de même mon expérience, mais mon salaire n'a plus rien à voir. Voilà pourquoi, je dis à mes enfants qu'il ne suffit pas d'être bon, il faut être le meilleur. Il faut se battre en permanence, et tous les coups sont permis pour obtenir sa place dans le monde du travail.

Certains agissent par procuration :

Enfant, je rêvais d'être médecin, plus précisément chirurgien. Je trouvais cela extraordinaire d'avoir un pouvoir de vie ou de mort. Malheureusement, je n'étais pas assez bon en mathématiques et j'ai raté deux fois le concours d'entrée. Ma fille, elle, je sais qu'elle réussira, je fais tout pour qu'elle y arrive.

Certains sont stressés par leur travail :

Je ne connais pas la semaine des 35 heures car, lorsque je rentre, je continue souvent sur mon ordinateur. Certaines réunions s'éternisent et pas question d'y échapper. La concurrence est rude, nous venons d'être rachetés et je ne veux pas être dans la charrette des licenciés ; j'aime mon travail mais je suis débordée. Ma collègue est enceinte et elle n'est pas remplacée. Je fais donc double fonction. Le soir, je me dépêche de rentrer pour faire faire les devoirs, le repas et le ménage. Je suis épuisée.

Alors vous comprenez, docteur, lorsque nous retrouvons nos enfants affalés dans le fauteuil regardant une bêtise à la télé, nous « pétons les plombs ». On se crève pour eux, et ils ne s'en rendent même pas compte, à part les vêtements de marque, rien ne les intéresse.

Loin de moi l'idée de critiquer l'un ou l'autre de ces parents. Lorsque l'on a un enfant, on espère que toutes les fées se sont penchées sur son berceau et que la prunelle de nos yeux aura une carrière de leader et construira une famille harmonieuse. Toutefois, les fées sont facétieuses et les qualités prodiguées ne sont pas forcément celles que vous aviez imaginées. Votre enfant développera des compétences et une personnalité qui lui seront propres. À vous de les encourager. Ne pas correspondre à vos attentes ne signifie pas que votre enfant ne réussira pas dans la voie qu'il se sera choisie.

➤ *La peur de l'enlèvement*

Vous l'avez toujours su, il faut aider son apprenti humain à se débrouiller seul. Très rapidement vous l'avez encouragé à le faire. Vous avez valorisé toutes ses prises d'initiative couronnées de succès. Il sait s'habiller, se laver, manger seul, aider aux tâches ménagères… Vous montrez votre ravissement devant l'histoire qu'il a lui-même imaginée, devant ses dessins originaux, sa créativité, ses réflexions intéressantes, ses hobbies… Vous lui avez même appris à faire de la bicyclette, mais là les choses se compliquent…

Avec tout ce qu'on entend, comment voulez-vous que je le laisse faire du vélo tout seul ? Tous les jours on nous dit que des enfants disparaissent, qu'ils sont l'objet de pédophiles. Je lui ai dit de ne pas parler aux étrangers, mais je suis morte de peur dès qu'il est hors de la maison qu'il ne se fasse enlever. Je sais que c'est stupide d'avoir aussi peur, mais si cela arrivait à mon fils jamais je me le pardonnerais.

Ce mélodrame maternel est de plus en plus fréquemment déclamé dans nos consultations et comment ne pas y être sensible ? Laisser prendre son envol à un enfant, c'est l'envoyer au sein d'une société qui n'a rien à voir avec le cocon familial. Comment savoir alors que les colonies, les écoles, les églises ne sont pas exemptes de brebis galeuses pédophiles. L'affaire Dutroux a traumatisé des familles entières, celle d'Outreau a semé le doute dans l'esprit des parents. La société est-elle aussi dangereuse que ça ou les enfants sont-ils des affabulateurs ? On a vraiment l'impression que les dangers menaçant les enfants ont atteint un summum, reflété par les fameux slogans « alerte enfants disparus ». Je ne connais pas les données sociologiques et ne puis vous dire si les dangers sont plus fréquents que par le passé, ce dont je suis sûre c'est qu'on en parle plus et qu'on ne vous épargne plus les détails de l'horreur. Ces informations ont pour mérite de mieux protéger nos enfants de ces menaces potentielles, mais pour corollaire de nous inquiéter davantage.

Vous dire des phrases banales comme « la peur n'évite pas le danger » ou « toute prise d'autonomie a ses risques et il faut les affronter » ne vous rassurera en rien. Vous savez lorsque vous apprenez la bicyclette à votre enfant que vous l'encouragez aussi à affronter certains aléas inhérents à l'utilisation de l'objet. Vous me direz qu'une chute est moins grave qu'un acte pédophile ou la disparition d'un enfant. N'en soyez pas si sûrs, j'ai vu bien des enfants dans le coma, hémiplégiques ou tués par une chute de vélo, de ski, de cheval... Faut-il alors les mettre dans une bulle ? Mais là encore les protégerez-vous d'un cancer ? Vous me trouvez peut-être brutale, mais je voudrais juste vous dire qu'il est inutile de commencer à imaginer des choses, ou bien on n'en finit pas...

Il vous faut renoncer à la croyance d'être tout-puissant face au destin. Celui de vos enfants est de quitter le nid familial, votre rôle est de leur donner confiance en eux.

✔ ***Cette confiance est une croyance dans leur potentiel, une prévention face aux dangers, les moyens d'y faire face et l'assurance que vous serez là en cas de besoin.***

Ne leur mentez pas, ni sur le fait que vous saurez les protéger de tout, ni sur vos angoisses face à leur émancipation, ils sentent votre peur et vouloir la leur dissimuler serait bien inutile.

Combien de parents me racontent avoir caché leur souffrance lors de la mort d'un proche ou lorsqu'ils ont été atteints d'une maladie grave. Combien d'enfants pourtant me racontent en détail la douleur de leurs parents. Car je vous rappelle qu'ils vous connaissent et cela même avant leur naissance, font du peau à peau avec vous et décodent toutes vos émotions.

Accompagnez, autorisez, encouragez, valorisez...

✔ ***Les laisser s'autonomiser est le plus sûr moyen de protéger vos enfants. Forts de vos conseils, des expériences réussies, ils prendront confiance en eux et sauront mieux se défendre face aux épreuves que la vie leur réserve.***

➤ *Les mauvaises fréquentations*

Jusqu'à la fin du siècle dernier, les classes aristocratiques, bourgeoises et ouvrières ne se mélangeaient pas. Les enfants étaient élevés au sein de leur clan et pas question pour eux de changer de classe sociale. La révolution industrielle a enrichi la bourgeoisie et appauvri les descendants de la royauté, qui ont dû accepter le brassage des deux mondes par des mariages de raison, l'un des époux amenant un titre, l'autre l'argent. En province, les familles ne se mélangeaient pas, et les habitants de la région voisine étaient déjà considérés comme des étrangers. Les ouvriers épousaient des femmes de la ville, les ruraux celles de la campagne. Les deux guerres mondiales ont changé les données : la reconstruction financière et démographique du pays a amorcé l'aube des métissages de classe. L'immigration des années 1960 un regain de sectarisme : pas question de laisser son enfant fréquenter des Espagnols, Italiens, Maghrébins, pieds-noirs... Les écoles privées ont alors foisonné, elles permettaient de séparer les enfants du pays des autres plus pauvres. Mais les nouveaux venus ont su accéder à ces écoles ou ont pu croiser leurs pairs, toutes classes confondues, sur les bancs de l'université amenant un melting-pot dont la France s'enorgueillit.

Mais les réalités sont autres, certaines familles ne veulent toujours pas de mésalliance : les rallyes en sont le reflet. Dès le plus jeune âge, des enfants triés sur le volet selon leur pedigree se rendent dans des soirées organisées par des parents croyant se garder ainsi des mauvaises fréquentations. D'autres sélectionnent selon une croyance ou une appartenance ethnique. Même les adolescents ont su créer de nouvelles classes qui ne doivent pas se croiser.

Leur « look » est leur bannière : on est habillé 93, 16e, *fashion victim*, bourgeois, aristo… et pas question de mélanger les genres.

Les parents ont toujours protégé leurs enfants de relations sociales qui leur semblaient délétères pour leur avenir marital.

➤ *Les violences scolaires*

Les parents craignent avant tout la brutalité des autres. S'il est vrai que *La Guerre des boutons*, film d'Yves Robert datant de 1962 et relatant les rivalités de groupes d'enfants entre deux communes, a toujours existé au sein des institutions enseignantes, la violence y est maintenant plus intense, plus perverse et touche des enfants plus jeunes. Toutes les écoles sont atteintes par ce fléau, qu'elles soient privées ou publiques.

Des enfants de maternelles se font racketter leur goûter.

En primaire, la technique du harcèlement moral tel qu'il est décrit en entreprise se développe. J'anime depuis quinze ans des groupes d'affirmation de soi, destinés aux enfants manquant de confiance : les enfants les plus en butte aux moqueries et au harcèlement des autres sont ceux qui se connaissant mal, prennent pour argent comptant les agressions verbales et en souffrent. Les harceleurs en profitent pour en faire leur bouc émissaire, les autres assistent sans broncher préférant ne pas être dans le collimateur des agresseurs.

Les parents sont obligés de déménager ou de se sacrifier financièrement afin que leurs enfants ne soient pas envoyés dans le collège public de secteur réputé pour le nombre élevé d'agressions physiques.

Un fait divers récent a défrayé la chronique : un jeune collégien s'est fait frappé à la sortie d'un cours de gymnastique. Une fois à terre, deux jeunes ont continué et cela sous le regard du reste de la classe et en absence de tous professeurs.

À la suite de cet événement, huit des douze patients de mon groupe de collégiens ont rapporté avoir subi la même expérience. Certains n'avaient jamais osé en parler de peur des représailles. Je comprends l'angoisse des parents et celles des enfants qui ne trouvent plus au sein de l'école la paix sociale.

Les deux meilleures armes que vous pouvez transmettre à votre enfant sont la confiance en soi et en vous. Si votre enfant est confiant dans sa personnalité, les moqueries n'auront pas d'impact sur lui. Le harceleur abandonnera alors sa proie. La confiance en vous passe par le fait que vous soyez à l'écoute des doléances sociales de votre enfant. Lorsqu'il vous parle de ses difficultés relationnelles, ne minimisez jamais sa souffrance, respectez-la et proposez votre aide. Il la refusera probablement, mais il sait qu'il a été entendu et qu'en cas de besoin il peut faire appel à vous. Cette croyance le renforcera et l'aidera à faire face.

✔ ***Si ce qui est raconté vous paraît dangereux, n'hésitez pas à intervenir au sein de l'école même si votre enfant vous supplie de ne pas le faire.***

Les harcelés s'en trouvent protégés et les harceleurs, débusqués, bénéficient souvent d'une prise en charge éducative, sociale ou psychologique dont la plupart du temps ils avaient besoin.

➤ *Le danger des médias*

Les « mauvaises fréquentations » s'insinuent aussi au sein du cocon familial par l'intermédiaire des médias. Beaucoup de parents s'inquiètent de ne pas avoir de contrôle sur les fréquentations de leur enfant à l'école, mais laissent la radio ou la télévision dans la chambre de l'enfant sans se poser de question. Écoutez certaines émissions radiophoniques destinées aux jeunes, vous serez parfois surpris de certains propos d'animateurs à peine sortis de l'enfance et qui se posant en modèles donnent des conseils qui font froid dans le dos. Le second danger vient de l'ordinateur. Chatter, blogger sont les nouveaux passe-temps sociaux des jeunes du troisième millénaire. La plupart du temps, il n'y a pas de raison de s'inquiéter, mais soyez dans le contrôle.

✔ ***Si les psys vous ont toujours interdit l'accès aux journaux intimes, je suis moi « psy » d'aujourd'hui sûre qu'il faut avoir, en tant que parents, accès aux échanges, aux blogs, à certains sites internet sur lesquels surfe votre enfant.***

Au départ apprenez à connaître l'outil, informez et prévenez l'enfant de ses avantages mais aussi de ses dangers et faites de temps à autre une petite visite discrète sur l'historique des données du disque dur. Là encore vous aurez droit aux hauts cris, vous serez blasphémés, mais je vous assure qu'à long terme votre internaute vous sera reconnaissant de lui avoir évité le pire.

Parents anxieux ? Un pléonasme ! Déculpabilisez

« Je vous amène Antoine, qui a 3 ans. Depuis quelque temps il est odieux et fait colère sur colère. Il faut dire, le pauvre, qu'il a vécu des traumatismes l'année dernière. Nous avons déménagé pour une maison plus spacieuse, sa sœur est née, j'ai recommencé mon travail et, en septembre, il est entré à l'école. Je comprends que tout cela a dû le perturber et qu'il m'en veuille.

— De quoi vous en voudrait-il ? de le faire vivre dans une maison où il aura sa propre chambre ? que vous vouliez fonder une famille, l'instruire et que votre salaire vous permettra de lui donner une vie agréable ?

— Je ne sais pas, j'ai lu que les enfants étaient jaloux de leur frère ou sœur, qu'ils n'aimaient pas changer de lieu et que les mères devaient rester au foyer. Depuis qu'il est né je suis anxieuse à l'idée de mal faire. J'ai toujours voulu deux enfants, j'adore notre nouvelle maison, j'aime beaucoup mon métier et, comme vous le dites, il nous permet de ne pas être inquiets pour les fins de mois. Mais, depuis que j'ai repris mes activités, Antoine me tient tête, il est agressif vis-à-vis de sa sœur. Il n'y a qu'à l'école où tout va bien.

— Je crois comprendre que vous êtes une mère aimante et soucieuse du bien-être de ses enfants, je ne vois là rien de traumatisant pour un jeune garçon. Il ne vous en veut pas. Son petit quotidien a été perturbé, il saura s'y adapter. Il doit partager sa mère avec un petit bout et il n'est pas prêteur. Il comprendra vite que vous l'aimez toujours et que la vie de famille, comme la vie scolaire, est faite de partage. Le travail des femmes, n'est plus un facteur de stress pour les enfants. Courageuses, elles ont su allier vie professionnelle et vie familiale, et leur progéniture ne s'en porte pas plus mal. Antoine, est à l'âge, où il veut affirmer sa personnalité en s'opposant à vous mais attend aussi que vous lui montriez les limites, sans anxiété, afin de savoir jusqu'où il peut ou ne peut pas aller. »

Tous les professionnels de la psychopathologie de l'enfant ont ce type de dialogue. Il est logique que ce soit les parents anxieux qui choisissent de nous consulter. Ceux qui le sont moins toisent parfois leurs congénères : il faut que, il n'y a qu'à... Pour ma part, je pense, et c'est ce que j'ai souhaité montrer tout au long de ce chapitre, qu'actuellement être un parent anxieux est un pléonasme. Je tire mon chapeau à ceux qui ont le courage de passer ma porte. En général, je n'ai besoin de les voir qu'une ou deux fois. Soulagés, ils choisissent de se faire confiance et prodigue une éducation singulière correspondant à leurs aspirations. Face à la multiplicité des informations sur ce qui est bien, ce qui est bon, ils savent ensuite trier celles qui paraissent s'adapter au mieux à ce qu'il souhaite transmettre à leurs enfants. Ils sont bien représentés par Libby Purves[3] qui décrit avec humour, elle qui avait tout lu en matière de psychologie, comment elle a su élever ses enfants de manière originale et imparfaite.

Réfléchissez bien et vous verrez que l'arrivée des enfants a changé vos comportements. Votre carrière a pris une autre voie, surtout pour les femmes. Vos loisirs improvisés se sont organisés, les casse-cou font désormais attention et il n'est pas rare que la moto puissante se soit transformée en une voiture familiale avec toutes options de protection. Les voyages impromptus cèdent le pas à l'anticipation des futures vacances scolaires. Jeunes, vous avez fait toutes les bêtises qui vous tétanisent maintenant que votre adolescent veut faire les mêmes. Je pense ainsi à mes amis qui se sont rencontrés lors d'un trecking en Himalaya, et qui me confiaient être morts de peur car leur fils y était avec des amis.

3. L. Purves, *Comment ne pas être une mère parfaite*, Paris, Odile Jacob, 2007.

Je répondrai aussi à cette question qui m'est souvent posée lorsque je fais des conférences :

« Ne croyez-vous pas que les parents consultent trop vite ? Les nôtres s'en passaient très bien.

— Ils ne connaissaient pas le scanner et l'on se débrouillait sans. Mais pourquoi ne pas aller consulter une ou deux fois afin de se rassurer. D'autre part, un parent anxieux et manquant de confiance dans ses compétences vit mal sa parentalité et les retombées sur l'écosystème familial sont parfois délétères. Les conseils éclairés évitent parfois la chronicisation de problèmes qui auraient été facilement traités au départ. »

✔ *Un des facteurs de l'efficacité rapide des consultations est le fait que les parents se sentent compris, entendus, soutenus dans leur anxiété. Une fois qu'ils sont rassurés, ils savent très vite faire face.*

Accepter que la crainte entrave systématiquement nos mécanismes de raisonnement en ne voyant que le côté négatif des choses permet de contrer notre pensée émotionnelle et redonne force au rationnel. La pédopsychiatre que je suis rassure facilement car elle n'est pas attachée à l'enfant. De derrière mon bureau, il est facile d'analyser les inquiétudes parentales à froid, de les amener à en faire autant et de les aider à trouver des solutions.

Parents anxieux, mais enfant confiant : c'est possible ! Osez parler de vos peurs

Tout au long de ce chapitre, je vous ai dit que vous aviez de nombreuses raisons d'être inquiets pour l'avenir de vos enfants. Les annonces politiques régulières sur les moyens de baisser le chômage vous le rappellent au quotidien. Le stress que vous subissez dans vos entreprises ne vous épargne pas. La pression sociétale attend de vous que vous soyez performants, les meilleurs y compris comme parents. Le monde environnant vous sidère : violence scolaire, pédophilie, drogue, bizutage... sont sans commune mesure avec ce que vous avez connu dans votre jeunesse. Si vous étiez indifférents, c'est moi qui m'inquiéterais sur votre façon de prendre au sérieux votre rôle.

Du fait de son histoire personnelle, chaque parent a des motifs d'inquiétude qui lui sont propres, mais la scolarité et l'avenir professionnel de ses enfants arrivent en premier au top 50 des craintes familiales.

N'ayez pas honte de vos peurs, elles sont naturelles ! De nombreux parents me demandent que répondre lorsque leur enfant leur dit qu'il a peur de les voir mourir, phrase qui traduit une étape de développement cognitif ou les enfants comprennent que la mort peut les séparer des personnes auxquelles ils sont attachés. Certains utilisent la technique du : « Je ne vais pas mourir car je suis trop jeune. » Outre que l'enfant, en écoutant les informations, aura l'impression d'être pris pour un idiot, ces parents peuvent être sûrs que, quelques jours plus tard, il déclamera qu'il ne veut plus grandir parce qu'il va devenir vieux et mourir. Il est préférable de lui dire que vous aussi vous avez peur de la mort et avec une pointe d'humour ajouter que tous les jours vous essayez de tout faire afin qu'elle n'arrive pas. Vous authentifiez ainsi votre peur, montrez qu'elle est naturelle, mais qu'elle ne vous empêche pas de vivre.

✔ *Énoncer ses peurs ne signifie pas qu'on ne peut pas les surmonter.*

Votre anxiété ne fait pas obstacle à l'évolution et à la progression de vos enfants. Croyez-vous qu'ils ne sont pas au courant que vous craignez qu'ils se fassent mal en apprenant à faire du vélo ? Ils se serviront de cette inquiétude pour mettre en place les outils de leur protection, c'est-à-dire l'application de vos conseils bien ancrés dans leur mémoire.

Que retenir ?
Faites-vous confiance !

➤ *Le parent parfait n'existe pas*

• Prenez du recul par rapport à la somme d'exigences qui est demandée aux parents d'aujourd'hui.

• N'ayez pas peur de ne pas être à la hauteur…

• N'ayez pas honte de vos peurs, vous êtes humains !

• Écoutez, observez, puis faites à votre idée.

• Si ces quelques conseils ne suffisent pas à vous rassurer et que vous sentez que vos angoisses ont un retentissement sur le développement de la personnalité de votre enfant, faites appel à un spécialiste. Leur neutralité professionnelle vous aidera à les surmonter. Sachez que la mère de famille que je suis aussi n'est pas plus protégée que vous de ces angoisses et a parfois besoin d'être apaisée par un confrère.

➤ *L'éducation sans souci n'existe pas*

• Osez parler de vos craintes.

• Montrez que vous pouvez les surmonter. Transformez votre angoisse en vigilance préventive : le dialogue, l'écoute, l'échange, votre sens de la critique dans le respect de l'autre seront les principaux boucliers que vous transmettrez à vos enfants.

• Le destin de votre enfant est de quitter le nid familial. Ne mentez ni sur le fait que vous saurez le protéger de tout, ni sur vos angoisses face à son émancipation, il sent votre peur et vouloir la lui cacher est un leurre.

- Si vous l'autorisez, malgré le risque d'échouer, à faire du vélo, c'est que vous lui faites confiance. Ainsi, vous lui dites implicitement que vous êtes sûrs qu'il saura surmonter les difficultés, qu'il a les moyens physiques et psychologiques pour le faire. Votre croyance en ses potentiels est le plus puissant stimulant de la confiance en soi pour vos enfants.
- Assurez votre enfant sur le fait qu'il pourra à tout moment compter sur votre soutien même s'il n'a pas suivi vos consignes.

CHAPITRE 3

Lui montrer que vous avez confiance en lui

Vous l'avez encouragé plusieurs fois à atteindre cet objectif un peu inquiétant pour un apprenti vélocipédiste. Vous lui avez montré ce même visage rayonnant que vous aviez eu lorsqu'il avait fait ses premiers pas. **Cette image de « j'ai confiance en toi » que vous lui avez renvoyée lui a permis d'affronter ses craintes et d'accepter de tenter l'« aventure ».**

Le lien émotionnel : la base de la confiance mutuelle

Le lien émotionnel qui s'établit entre les parents et le bébé dès les premiers jours de vie est un des facteurs essentiels de la confiance mutuelle puis personnelle de l'enfant. Ce lien est d'abord éthologique[1]. Comme tout petit d'animal, le bébé humain oriente tous ses sens vers

1. K. Lorentz, *Essai sur le comportement animal et humain*, Paris, Seuil, 1970.

quelqu'un qui saura le protéger car il sait qu'il n'est pas autonome. Mais ce sens inné de protection vitale va, à la différence d'autres animaux, s'enrichir d'émotions, créant un lien d'affection. Ce qui n'était qu'une relation géniteur-progéniture devient un lien affectif puissant entre papa-maman-bébé.

➤ *Enfants : provocateurs des émotions parentales*

On doit au psychologue Henri Wallon[2], dès 1925, les premières descriptions du développement émotionnel. Pour lui, le nouveau-né manifeste d'abord ses émotions par des contractions toniques qui correspondent à son état émotionnel interne et fournissent aux parents des indices de cet état.

Les études ont montré que le nouveau-né réagit plus énergiquement à la vision d'une photographie du visage de sa mère présentée parmi d'autres non familiers, il s'oriente plus directement vers sa voix et reconnaît son odeur parmi d'autres. Sa réaction est essentiellement motrice, mais la précocité avec laquelle elle se manifeste traduit une compétence primaire pour les stimuli sociaux.

À ce premier stade d'« impulsivité motrice » succède un stade « émotionnel » qui débute vers 3 mois et est fondé sur un échange interactif. Rappelez-vous les sourires aux anges de votre nouveau-né qui se dirigent intentionnellement vers vous dès le deuxième ou troisième mois de vie. Le nourrisson dépendant entièrement de ses figures d'attachement pour survivre doit avoir des rap-

2. H. Wallon, É. Jalley, *La Vie mentale*, Paris, Éditions sociales, 1982.

ports sociaux immédiats, d'abord fondés sur un rapport émotionnel.

L'apparition du sourire dirigé est favorisée par le contact œil à œil de l'enfant avec sa mère et stimulée si celle-ci lui parle. T. Berry Brazelton[3] a montré que le nourrisson fuit ce contact oculaire et perd son sourire dès que le visage aimé devient impassible.

Vers 6 mois, l'enfant devient capable de *référentiation sociale*. Placé en situation nouvelle ou étrange pour lui (jouet, personne inconnue), il apprécie affectivement le danger de la situation sur le visage de l'adulte protecteur avant d'agir. Ce processus de référentiation est une étape cruciale du développement. L'enfant est non seulement capable de décoder les émotions des autres, mais aussi de percevoir que celles-ci concernent l'objet de son tracas. Rassuré, il affrontera la situation, inquiété, il l'évitera.

➤ *Parents : la réponse affective*

Si le bébé est prédisposé à établir un lien avec sa mère, celle-ci dispose d'une sensibilité particulière lui permettant de répondre. Cette capacité humaine à soigner son bébé est en chacun de nous et pas seulement chez les mères. Si les pères le font moins, c'est parce que, dans notre société, ce sont les mères qui avant tout s'occupent des bébés. Mais les pères ont certainement aussi des habiletés innées à s'occuper d'un petit. Les études sur la relation père-nouveau-né n'ont pas été bien nombreuses, soyons rationnels, ce n'est pas une question de sexisme ou de féminisme. Le bébé humain est un mammifère et, comme tous

3. T. Berry Brazelton, in *Psychologie du développement*, Paris, Dunod, 1978.

ceux de son espèce, il est programmé pour trouver le plus rapidement possible le téton nourricier qui reste encore avant tout maternel. Les hormones féminines déclenchées par l'accouchement changent le statut de la mère de parturiente en allaitante et la pousse à nourrir son petit ogre nouveau-né. Le biberon n'a rien changé dans ce lien.

Je suis persuadée que, si on y regardait de plus près, on retrouverait chez les pères la même sensibilité particulière qui permet de répondre aux sollicitations de son enfant. Mais les chercheurs et la société sont-ils prêts à entériner une telle découverte ?

Quoi qu'il en soit, dame (eh oui j'ai dit dame) Nature permet à la mère de reconnaître les signaux de son nouveau-né et de les interpréter correctement. Contrairement au bébé, elle a besoin de quelques jours, le temps que ses habiletés primaires reprennent la prééminence, défiant les *a priori acquis* concernant le maternage.

Souvenez-vous des premiers jours de vie de votre aîné, lorsque vous étiez à la maternité. Vous étiez à l'affût du moindre commentaire de votre mère, de vos amies ou de l'équipe médicale. Enfin seule, vous avez pris votre nouveau-né, l'avez installé dos à vos cuisses et, ainsi, face à lui, avez stimulé son regard. Ce face-à-face a débuté votre dialogue émotionnel et votre relation affective.

✔ ***Vous vous êtes rendu compte que votre enfant y était acteur et faisant fi du monde entier vous avez su trouver les mots et mimiques en réponse. Petit à petit, il vous a expliqué et vous avez compris sa singularité et ses besoins propres.***

Mme F. avait et a toujours toute confiance en son pédiatre. Il lui avait conseillé, quelques jours après la naissance de sa fille aînée, de lui donner les biberons à heure fixe, quitte à la réveiller, afin qu'elle fasse ses nuits rapidement. L'expérience ne s'est pas révélée concluante pour Mme F. Réveillée, sa fille ne la regardait plus, s'endormait au cours de la tétée et pleurait une heure plus tard. Les durées des biberons paraissaient interminables et Mme F. n'arrivait plus à ressentir les besoins alimentaires de sa fille. Elle décida de se faire confiance. Elle donnait le biberon lorsqu'elle comprenait que son bébé le réclamait. Le jour, elle en profitait pour dialoguer en tête à tête avec sa fille qui, repue, semblait particulièrement intéressée par l'échange avec sa mère. La nuit, elle nourrissait l'enfant, mais n'entamait aucun échange émotionnel, expliquant au bébé qu'elle était fatiguée et peu encline au dialogue. À deux mois, sa fille faisait ses nuits.

Les parents savent donc, la plupart du temps, intervenir efficacement en réponse aux demandes de soin de l'enfant. Faites-vous confiance. Il arrivera bien sûr que vous soyez désarmés face à certains hurlements de votre nourrisson. Ne vous jetez pas la pierre, ne vous fustigez pas en vous disant que vous n'avez pas l'instinct maternel ou paternel. Comme l'apprentissage de la bicyclette, il vous arrivera de tomber... Et alors ? Gardez confiance, testez de nouvelles réponses face aux cris et, au besoin, écoutez certains avis que vous adapterez à la perception que vous avez de votre bébé. L'arrivée du deuxième vous rendra plus sereins. Les « erreurs » que vous avez pu faire ou continuerez à faire avec le premier vous serviront d'expérience pour les puînés. Ne vous inquiétez pas, de même que tomber de vélo est désagréable, il est rare que vos enfants s'en souviennent ensuite lorsqu'ils s'éclatent en en faisant avec leurs copains.

Le dialogue émotionnel est instauré. Votre enfant a entamé la scène par toutes ses interpellations toniques, visuelles et gestuelles. Vous avez répondu adéquatement à ces *stimuli*. Vous avez su créer le lien affectif. Votre relation affective maintenant bien soudée sera la base de la confiance entre vous deux. Autrement dit, lorsque vous lui direz ou lui montrerez votre confiance en lui, il vous croira et se nourrira d'elle.

Les relations affectives et d'attachement

Le lien émotionnel qui unit les figures familières prédispose aux relations affectives et d'attachement. Les premières constituent l'énergétique de la connaissance. Les secondes, la base de sécurité permettant à l'enfant de sortir du nid et d'expérimenter les situations nouvelles, en particulier sociales.

Le pédiatre et psychanalyste anglais John Bowlby[4] a décrit, à la fin des années 1940, l'origine primaire de l'attachement. Ses théories seront très contestées à l'époque et elles ne seront traduites et connues en France que dans les années 1970[5]. D'après lui, le bébé possède cinq comportements qui lui permettent de trouver un contact physique vital avec ses proches : le sourire, le contact visuel, les pleurs et les cris, l'étreinte dans les bras et la succion. Par ces gestes, l'enfant suscite une réaction de l'entourage qui y répond en respectant les besoins du nourrisson. C'est par cette prédisposition d'action mutuelle que se crée et se développe l'attachement.

---

4. J. Bowlby, *Attachement et perte*, 1. *L'Attachement*, Paris, PUF, 1978.
5. J. Bowlby, *Attachement et perte*, 2. *Séparation, angoisse et colère*, Paris, PUF, 1984.

On distingue trois phases dans le processus d'attachement :

• *La phase d'orientation* (0 à 3 mois) au cours de laquelle le bébé s'oriente vers tout humain, avec une préférence certaine mais non exclusive pour les familiers. C'est ce que j'ai appelé le lien émotionnel. Au début, l'enfant suscite l'attention de son nourricier afin que celui-ci assure son bien-être et sa survie. Petit à petit, quand le lien et la confiance mutuelle sont établis, le lien dirigé plus précisément s'instaure entre l'enfant et le parent. Ce lien affectif n'est pas seulement dicté par la nécessité de soins, mais par des relations affectives. C'est ce que Bowlby appelle l'attachement focalisé.

• *La phase d'attachement* focalisée (3 à 6-7 mois), où le bébé donne des réponses sociales et émotionnelles privilégiées aux figures d'attachement (père, mère, nurse…).

• Dans un troisième temps se situe *la phase de consolidation* du lien d'attachement (jusqu'à 18 mois environ), où l'enfant élargit sa gamme de moyens émotionnels, cognitifs et comportementaux afin de maintenir les liens d'attachement, mais aussi d'en créer de nouveaux et, ainsi, de multiplier les figures d'attachement (famille plus élargie, pairs…).

➤ *Attachement et détachement*

D'après Bowlby, soutenu par les travaux d'une psychologue canadienne, Mary Ainsworth[6], le développement du processus d'attachement se double du processus de

6. M. Ainsworth, M. C. Blehar, E. Waters, S. Wall, *Patterns of Attachment. A Psychological Study of the Strange Situation*, Hillsdale, NJ, Lawrence Erlbaum Ass., 1978.

détachement qui rend l'enfant capable de tolérer une séparation. Dès la phase d'attachement focalisé, le bébé est capable de s'éloigner physiquement des figures parentales.

✔ *La qualité du lien affectif créé avec ses parents permet au petit d'avoir l'image interne d'un milieu sécurisant servant de « base de sécurité » à son indépendance. Il ressemble alors à ces oisillons qui volettent autour du nid. Il explore, découvre, teste ses compétences au vol tout en sachant qu'il peut revenir à tout moment reprendre confiance auprès de ses parents.*

Si le lien d'attachement se fait par l'enfant et ses figures d'attachement, le détachement aussi. Explorer le monde alentour doit se faire avec l'accord psychologique des figures familières. La fameuse adaptation en crèche est en réalité celle du parent accompagnant. Nous l'avons vu, un bébé peut avoir un attachement à différentes personnes. Il en préfère certes certaines, mais sait développer ses aptitudes à créer des liens avec d'autres personnes réceptives à ses besoins. Mais, pour ce faire, il doit être sûr que les personnes auxquelles il est attaché l'autorisent à le faire. Si, pour une raison ou une autre, la figure d'attachement a du mal à confier son fils ou sa fille, vous pourrez être sûr que l'enfant n'arrivera pas à s'adapter à son nouveau milieu.

Si vous envisagez la maternelle avec joie et bonheur, votre enfant s'y rendra en confiance, sans pleurer. Si, vous dénigrez, à tort ou à raison, les compétences d'une maîtresse de primaire, je doute que cette année-là les notes soient faramineuses. Et n'essayez pas de tricher, vous l'avez compris, votre enfant fait du « peau à peau » avec vous, il décode toutes vos émotions même si vous essayez de ne pas les montrer.

À l'inverse, ne vous culpabilisez pas. J'entends souvent des mamans se reprocher d'être trop « fusionnelles », de ne pas savoir couper le cordon ombilical, et d'autres croyances. Voir ces mamans extrêmement à l'écoute faire leur *mea culpa* me fait généralement bouillir. Parents anxieux (c'est un pléonasme, je vous le rappelle), vous avez le droit de craindre le monde extérieur ! L'important est que vous autorisiez votre enfant à l'explorer.

Sachez lui dire que vous êtes un peu tristes de ne pas le voir durant quelques heures, mais que vous êtes heureux qu'il découvre le monde.

Tiffany, 3 ans, semble aimer l'école. Lorsque je la vois seule, elle me décrit avec plaisir ses activités et ses jeux avec ses copines. Toutefois, elle me déclare ne pas aimer la maîtresse qui « fait pleurer maman ». D'ailleurs, elle est souvent malade et manque régulièrement la classe. Interrogée, sa maman semble surprise par la remarque de sa fille : « Je ne pleure jamais devant elle ! » Les motifs de tristesse étaient légitimes. Mme M. avait fait plusieurs fausses couches suite à la naissance de Tiffany et les médecins étaient pessimistes quant à la possibilité d'une nouvelle grossesse. Elle croyait en avoir fait son deuil, mais, le jour de la rentrée, elle a réalisé que sa fille n'était plus un bébé et qu'elle n'en aurait pas d'autre. Chaque arrivée en classe ravivait sa blessure et la faisait pleurer, une fois sa fille confiée à la maîtresse. Elle reconnaissait que les maladies de sa fille lui permettaient de passer à nouveau du temps avec son « bébé ». Sans entrer dans des détails techniques, Mme M. a expliqué les raisons de ses pleurs du matin à sa fille. Passant outre sa problématique, elle a su lui dire combien elle était fière de sa petite écolière et qu'elle aimait bien sa maîtresse. Ce dialogue a su rassurer la mère et l'enfant. Plus de pleurs ni de maladies n'ont perturbé la scolarité. Mme M., ayant pris conscience de son problème, a fait un travail en psychothérapie, lui permettant de vivre mieux malgré sa déception de ne pas pouvoir avoir d'autres enfants.

➤ *De l'interaction programmée au partenariat*

Dame Nature a donc bien fait les choses, afin que le petit d'homme soit protégé et aimé de ses parents (ou autres figures d'attachement), elle l'a doté d'un **pouvoir d'initiateur** des émotions et de l'attachement. De même, elle a donné aux parents le **pouvoir d'y répondre** adéquatement et de devenir des garants des émotions et de la sécurité de leur protégé.

Mais ces capacités innées interactives vont avec le temps évoluer vers un *partenariat choisi*. Là où la nécessité de survie faisait loi, les enjeux et les buts vont devenir différents au fur et à mesure que l'enfant grandit. Lui va élargir son esprit d'initiative dans tous les domaines : l'autonomie, les apprentissages et la socialisation. Les parents vont petit à petit diminuer leurs comportements de soin au profit d'une adaptation aux besoins élargis de l'enfant.

✔ *Ce partenariat toujours affectif et secure est maintenant consenti au sein d'une relation singulière entre l'enfant et ses figures d'attachement. Il reste la base essentielle de la confiance mutuelle et en soi de l'enfant.*

De la théorie à la pratique

Vous avez créé un bon lien affectif, vous avez autorisé votre enfant à se détacher, vous avez stimulé son envie de savoir, bravo, vous avez posé le trépied de la confiance en soi. Si ces liens sont d'abord exclusifs entre parents et enfants, il va falloir que l'enfant sache les tourner aussi vers les autres, la prise d'autonomie et l'exploration d'un

Comment se construit la confiance en soi

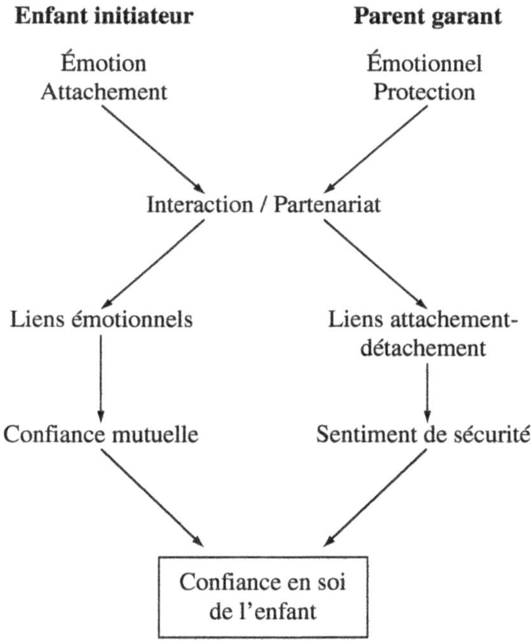

monde extérieur à la famille. Voici comment ces liens vont intervenir tout au long de sa vie.

➤ *L'enfant apprend mieux avec un lien affectif*

Piaget, en décrivant l'organisation du développement cognitif, n'avait pas négligé l'affectivité. Pour lui, elle avait un rôle essentiel : « Elle fournit l'énergétique des conduites. »

✔ *À la différence des miniordinateurs, nos enfants ont besoin pour emmagasiner et connaître les informations qu'elles soient colorées d'une teinte chaleureuse.*

Tout jeune, l'enfant puise chez ses parents ou autre éducateur l'énergie affective indispensable à ses apprentissages.

L'histoire racontée le soir, l'enfant blotti dans les bras d'un parent chaleureux, stimulera sans aucun doute l'envie de connaître la lecture. Le parent ébloui par les progrès lexicaux de son lecteur en herbe améliorera l'encodage des mots qui seront ainsi connus tant sur le plan qualitatif qu'affectif. Il faut savoir que la lecture d'un mot n'est pas si simple. Elle met en jeu de nombreux mécanismes cognitifs qui détaillent chaque lettre, chaque association de phonèmes et d'autres liens logiques. Parmi ceux-ci, la mise en mémoire du mot qui se fait avec sa représentation. Cette image sera plus prégnante si elle est colorée affectivement. Si un enfant apprend le mot « gâteau », il différencie les lettres, coupe le mot en deux phonèmes : « gâ » et « teau » et il engrange le tout dans sa mémoire lexicale (celle de la reconnaissance des mots). Parallèlement il met dans sa mémoire de représentation l'image d'un gâteau. Mais pas n'importe lequel, celui qui a une connotation affective particulière : celui de son anniversaire, par exemple.

C'est aussi pour cette raison que les enfants paraissent aussi attachés à leurs enseignants : combien de fois vous ont-ils répété alors que vous essayiez de les faire travailler, que la maîtresse, elle, explique mieux. En classe, ils font tout pour attirer son affection, que ce soit en travaillant bien, en aidant ou en lui offrant des petits cadeaux.

Au collège, il en est de même avec les professeurs. L'implication dans l'une ou l'autre des matières dépend de l'attachement de l'élève à l'enseignant. Il peut ainsi arriver qu'un collégien soit bon en mathématiques une année et mauvais une autre, car il déteste le professeur. Il vous décrira une méthodologie inefficace, de mauvaises explications théoriques pour justifier son manque de compréhension soudain. En réalité, l'animosité qui s'est instaurée à tort ou à raison entre les deux protagonistes est peut-être en cause dans le manque d'investissement de la discipline. Paradoxalement, ce brouillage cognitif peut aussi s'instaurer lorsqu'un professeur attend beaucoup trop d'un élève.

> Bertrand, 14 ans, vient me voir pour un bégaiement responsable d'une phobie sociale et d'un manque de participation en classe. Sa mère étant américaine, il est bilingue et il est intégré dans une classe européenne, depuis la 6e. L'année dernière, il était très souvent interrogé en anglais, par son professeur qui ne tarissait pas d'éloges sur lui. Celui-ci lui promettait un avenir brillant et se servait de ses compétences à l'oral pour dynamiser l'ensemble de la classe. Bertrand était très attaché à ce professeur et voulait être à la hauteur de ses attentes. Toutefois, au fur et à mesure des interrogations orales, il a craint de ne plus y arriver, peur qui le tétanisait et était responsable du fait qu'il achoppait parfois sur certains mots. Devant ces manifestations anxieuses, le professeur l'a moins interrogé, ce que Bertrand a vécu comme un retrait de la confiance qui lui était jusque-là prodiguée. Au cours de la thérapie, il a compris que ne parvenant plus, d'après lui, à être à la hauteur de ce que l'enseignant projetait sur lui, il n'osait plus parler, même avec ses camarades, de peur de bégayer à nouveau et que ce signe traduise ses incompétences. La mise en évidence de sa croyance irrationnelle lui a permis de s'autoriser à parler à nouveau sans crainte de « dire une bêtise ».

➤ *Vigilant sans angoisse : l'aider dans sa prise d'autonomie*

Le bébé est doté d'un pouvoir d'initiation et d'envie de connaître afin de devenir indépendant et autonome. Rappelez-vous le comportement d'approche du monde inconnu et convoité de votre petit explorateur. Tout en le faisant, il attirait votre attention et ne vous quittait plus des yeux dans l'attente de votre réaction. S'il sentait une émotion positive de votre part, il était encouragé à poursuivre sa quête. Imaginons qu'il aille vers ce merveilleux jouet coloré qui trône dans sa chambre, mais qu'il n'a pas encore eu envie d'utiliser. Votre joie lisible sur votre visage et vos mots encourageants lui donneront un deuxième but exploratoire : vous faire plaisir. Je vous laisse imaginer la suite, le dialogue chaleureux instauré incite votre bambin à poursuivre ses initiatives non seulement vis-à-vis de l'objet du désir que vous avez défini mais dans de nombreux autres domaines. Par contre, imaginons maintenant qu'il ait envie de mettre ses doigts dans une prise électrique, votre visage tendu et votre « non » ferme lui feront comprendre que son sujet d'intérêt est prohibé pour lui. Bien sûr, en bon expérimentateur qu'il est, il tentera deux ou trois fois d'atteindre son but initial. Mais si votre émotion persiste et se répète à l'identique, il entérinera l'interdiction.

Un nourrisson décode les émotions sur le faciès et la prosodie (musique des mots). Un visage dont les muscles se tendent, les sourcils se froncent et un non sonnant gravement suffisent à lui faire comprendre que vous n'êtes pas contents. À chaque bravade, ce message clair et renouvelé aura valeur d'un interdit appris sur le long terme.

Grâce à vos expressions émotionnelles verbales et corporelles, un enfant comprend que s'il peut tenter l'aventure, il y a des limites à ne pas dépasser. Il entérinera un peu plus tard les raisons de vos interdictions et les respectera d'autant plus.

Mme C. est venue me voir afin d'avoir des conseils sur l'acquisition de la propreté de son fils Alexandre, 3 ans. En hiver dernier, elle en avait commencé l'apprentissage et se donnait à l'époque six mois pour y arriver. Il était impératif que son fils soit autonome sur ce plan car en septembre il devait intégrer l'école maternelle et elle devait reprendre son travail. Au début, tout s'est bien passé mais il persistait quelques accidents qui angoissaient d'autant plus Mme C. que la date butoir de la rentrée se rapprochait. En parlant avec elle, nous avons compris qu'au fur et à mesure du temps qui passait Mme C. avait des attitudes anxiogènes. Encourageante au départ, elle demandait maintenant souvent fébrilement à Alexandre s'il ne voulait pas aller sur le pot. L'enfant avait fini par croire que cet objet était inquiétant pour sa mère et il refusait de plus en plus d'y aller.

L'exemple de Mme C. me permet de vous parler d'une autre de vos réactions émotionnelles : l'angoisse. Si chaque fois que votre enfant, lorsqu'il tente quelque chose qui ne vous plaît pas, observe chez vous un visage et une voix inquiets, il ne l'interprétera pas comme un interdit mais comme un danger potentiel pour lui. S'il est nécessaire de le faire parfois, la répétition trop fréquente de votre attitude donnera l'impression à votre curieux que le monde est dangereux et cela risque d'inhiber ses comportements exploratoires.

➤ *L'aider à adapter ses émotions aux autres*

Nous pensons tous qu'une relation humaine de bonne qualité va de pair avec un échange de sentiments chaleureux.

Je voudrais plutôt pointer du doigt la nécessité pour un enfant d'apprendre à moduler ses affects. Les enfants naissent dans un monde où les parents leur témoignent sans cesse une tendresse et un amour inébranlables. Ils s'en imprègnent et s'en servent pour apprendre, s'autonomiser et se socialiser. Mais ils en déduisent aussi qu'ils sont le seul et unique objet d'amour de tous et en particulier de leurs parents. Cette croyance en un amour absolu et total pour eux va subir quelques revers de médaille.

La première déception touche les aînés : l'arrivée du cadet leur fait craindre la perte de votre amour. Et soyons logiques, objet de votre unique intérêt, votre premier enfant doit maintenant partager et son petit cœur n'est pas près à cela.

Alors à vous de jouer : expliquez-lui que vous l'aimez mais que vous aimez aussi son père (ou sa mère), vos parents, vos amis, vos frères ou sœurs… Que l'affection se partage, que l'on n'aime pas plus ou moins, mais différemment et que l'ensemble forme un tout qui vous comble. Donnez-lui des exemples, il aime sa nounou, sa maîtresse, ses grands-parents, ses copains et pourtant vous n'êtes pas jaloux car le fait d'apprécier quelqu'un d'autre ne veut pas dire que l'on aime moins les autres. On peut aimer le gâteau au chocolat *et* à la fraise !

✔ *Ne vous laissez pas faire par ses tentatives de culpabilisation : « Si tu as mis plus de jus d'orange dans son verre, c'est que tu l'aimes plus ! »*

Ne vous justifiez surtout pas et n'équilibrez pas les niveaux de liquide, chacune de ses attitudes le renforcerait dans l'idée qu'il a peut-être raison.

S'il prétend mordicus que vous ne l'aimez plus, utilisez l'humour : prétendez mordicus que les martiens vont débarquer ou que vous savez voler. Votre réponse inepte le renverra à l'ineptie de la sienne et *le rassurera en fait.*

Vous aurez ensuite à gérer une *deuxième déception* plus tardive. Les enfants recherchent un amour idéal dans leur relation sociale. Ils vous parleront de leur ami(e) à qui ils disent tous leurs secrets. Ils rêvent d'une relation exclusive ou les deux protagonistes sont unis face aux autres. Bien sûr, quelques conflits vont survenir dans cette relation et vous verrez alors votre enfant au désespoir de perdre son ou sa camarade. Rappelez-lui que vous vous disputez parfois avec votre partenaire et que pourtant vous l'aimez toujours. Faites-lui comprendre qu'une différence d'opinion n'entame pas le lien relationnel. À la réconciliation, insistez sur le fait que des amis savent résoudre un problème justement parce qu'ils s'aiment bien. Le mot amour est un terme français très particulier, c'est le seul mot que je connaisse qui quand on lui ajoute un superlatif le dévalorise. Aimer est plus fort qu'aimer bien, beaucoup, énormément.

Troisième déception : la perte des amis d'enfance à l'adolescence. Il n'est pas rare à cette époque de vie que les jeunes, en complet remaniement affectif, s'aperçoivent qu'ils n'ont plus de points communs avec un ami de longue date. De même, ils découvrent qu'ils vous aiment différemment. Et c'est normal, l'évolution de l'affectivité suit celle de la prise d'autonomie. Afin de grandir, il faut faire le deuil de l'enfance et de l'amour absolu de ses parents afin de prendre son envol. Des jeunes trop attachés à leurs géniteurs et à cette période infantile maintenant caduque ne peuvent quitter le nid et prétendre à devenir des adultes.

Quatrième déception : les adolescents sont toujours en quête de l'amour absolu. L'élu(e) est un être exceptionnel avec qui on est en parfaite harmonie sur tous les points, y compris l'affection. Les quelques rencontres impossibles du troisième type avec cet extraterrestre idéalisé remettront les jauges de l'affect à niveau permettant une relation amoureuse plus adaptée à la socialisation terrienne.

Les remaniements émotionnels déclenchés par ces déceptions vont parfois faire douter l'enfant ou l'adolescent de sa connaissance de soi et des autres. Cette remise en question touchera particulièrement les enfants manquant de confiance en eux. Au lieu de remettre en cause leur croyance irrationnelle d'un amour absolu ou de comprendre que leur évolution entraîne d'autres besoins affectifs, ils vont penser que ce sont eux qui ne sont pas « comme les autres ». À vous d'expliquer que c'est cette différence qui est justement le cœur d'une vraie personnalité.

Les adolescents refuseront vos conseils. Vous les verrez tenter différentes identifications à des idéaux sociologiques distillés par leur caste. Observez la sortie des lycées, vous verrez que, sans avoir besoin d'uniforme, les jeunes sont tous habillés de la même manière. Les murs de leur chambre se couvrent d'affiches de « people » auxquels ils cherchent à ressembler. Au fur et à mesure de sa mue, l'adolescent va finir par affirmer sa personnalité. Il choisira son clan d'amis non pas en fonction de critères extérieurs mais parce que, au sein de ce groupe, son individualité est appréciée et respectée.

Ainsi, petit à petit, et avec quelques souffrances émotionnelles, l'enfant comprend que son étayage affectif ne peut se concentrer sur une personne, un amour absolu, mais sur un réseau social dont chaque partenaire l'enrichit.

Que retenir ?
La confiance en héritage

✔ *La confiance en soi est l'héritage fondamental que vous devez transmettre.*

• Votre enfant lit votre confiance en lui dans votre regard. Il ne s'agit pas d'une simple formule. Les bébés sont « équipés d'un décodeur de vos émotions ». Les études scientifiques l'ont largement montré. Le bébé est lui-même acteur, il recherche votre regard, suscite vos émotions.
• L'affect est l'essence de la connaissance et le déterminant majeur à l'envie de connaître. La boucle est bouclée : les déterminants affectifs motivent l'envie d'acquérir des connaissances, qui sont à leur tour mieux analysées et comprises lorsqu'elles sont enseignées dans un contexte d'affects positifs.
• Ainsi, pour apprendre à marcher, à faire du vélo ou à lire, l'enfant possède les mécanismes cognitifs nécessaires et les déterminants affectifs lui donnant envie de le faire. L'environnement extérieur lui donne les moyens de les mettre en pratique et le contexte affectif les rendra plus efficients. Si, pour la première fois, un enfant se débrouille pour acheter seul le pain, en dehors de sa fierté d'y être arrivé, il intégrera cette expérience d'autonomisation en lien avec le plaisir et la joie que vous lui montrerez à son retour triomphant.
• Le choix d'un partenaire amoureux est évidemment soumis à votre mémoire affective. Ne soyez pas étonnés si vous constatez chez votre compagnon quelques caractéristiques de personnes que vous avez chéries auparavant.
• Affect, attachement et cognitions sont indissociables.

• Le mot cognition évoque tous les savoirs, y compris la prise d'autonomie. Ces connaissances ne peuvent se mettre en place, se maintenir, évoluer, se développer sans des liens affectifs et d'attachements solides.

J'espère que vous mettez de l'affect en me lisant !

CHAPITRE 4

Lui faire confiance : il connaît ses ressources

Vous avez aussi senti qu'il était confiant dans ses acquis psychomoteurs antérieurs. Il court, grimpe et vous montre fièrement comment il sait faire du vélo à quatre roues. Vous avez compris que **cette confiance en ses ressources l'aide à passer à l'étape supérieure.**

De la peur à la confiance

➤ *Le duel des cerveaux*

Les données du savoir sont localisées dans ce qu'on appelle le néocortex. Une autre partie de notre cerveau, plus archaïque, assure nos besoins vitaux : respiration, température, battements du cœur, faim, soif... et est censée nous protéger de tous les dangers avant même que nous n'en prenions conscience. C'est elle qui nous fait sursauter dans la rue au son d'un klaxon sans aucune réflexion sur le potentiel dangereux ou non de la situation. Elle met en état d'alerte physique et stimule notre néocortex afin que lui définisse le danger et réfléchisse, si besoin est, à une solution de protection. En pratique, dans l'exemple du klaxon, nous ressentons une certaine angoisse, nous nous orientons alors vers l'origine du danger supposé, et notre cerveau pensant, le néocortex, analyse la situation. S'il nous sait protégé, il lance l'information de sécurité par l'intermédiaire de neurotransmetteurs qui vont petit à petit bloquer ceux lancés par notre cortex archaïque. Nous sentons alors progressivement fondre notre angoisse.

Pourquoi vous ai-je parlé de la partie néandertalienne de notre cerveau ? Simplement parce qu'il est important de savoir qu'elle agit plus vite que notre partie pensante ou intelligente et que, lorsqu'un enfant doit affronter une situation nouvelle, l'homme préhistorique qui est en lui s'inquiète comme s'il devait affronter un mammouth.

✔ *Il ne peut y avoir d'expérience nouvelle sans une inquiétude immédiate.*

➤ *Savoir faire face*

Le néocortex met alors en lien toutes ses connaissances pour trouver une stratégie efficace et surmonter l'événement nouveau et déclencheur de l'anxiété par le cortex archaïque. C'est ce qu'on appelle en anglais le *coping*. Il s'agit de toute forme de *réponse à une situation qui nécessite un ensemble d'efforts cognitifs et comportementaux afin d'y faire face*. Les exigences de la situation peuvent venir du milieu environnant ou de l'état psychologique de la personne ou des deux. Par exemple, apprendre à faire du vélo et craindre de tomber. De même, dans une rencontre sociale, il faut savoir maîtriser ses habiletés dans ce domaine et la crainte d'être rejeté. Enfin, dans les apprentissages, mobiliser ses connaissances opératoires et moins anticiper l'échec. En d'autres termes, le *coping* (faire face) ou l'ensemble des stratégies utilisées afin de faire face est la réponse à deux exigences : le contrôle de la peur et la recherche de stratégies de réussite pour surmonter l'obstacle.

Une situation nouvelle déclenche donc l'activité du cortex archaïque de manière réflexe. Celui-ci envoie, par l'intermédiaire de neurotransmetteurs, une information de danger au néocortex qu'il oblige ainsi à réfléchir puis à trouver la stratégie la plus efficace face à la situation. Ce travail se fait en trois étapes qui s'intriquent. La première se centre sur trois questions : la situation est-elle dangereuse ? Suis-je capable de l'affronter ? Serai-je soutenu socialement ? L'originalité d'un événement quelconque déclenche immédiatement ce questionnement intellectuel et le doute anxiogène du résultat. Que ce soit le bébé qui fait ses premiers pas, le futur vélocipédiste, l'écolier de primaire ou le futur bachelier, tous se posent plus ou moins consciemment ces questions La deuxième étape consiste à chercher dans ses mémoires cognitive et émotionnelle les méthodes déjà apprises pour contrôler la peur lors d'une situation antérieure. La troisième récupère les données mémorisées et les combine avec celles de la situation présente, elle fait le tri des informations et définit la stratégie qui paraît la plus efficace afin de faire face à la situation présente.

➤ *Les enjeux de la situation*

Face à toute situation nouvelle, le jeune s'inquiète et se pose trois questions qui sont pour lui les enjeux du problème à surmonter.

➤ *Première question : la situation est-elle dangereuse ?*

Les enfants ont tendance à surévaluer le potentiel dangereux de nouvelles situations car ils n'ont pas encore assez de connaissances et d'expériences d'événements analogues. Une chicane entre deux camarades peut paraître anodine à des adultes qui ont vécu tant de fois ces conflits et d'autres plus difficiles. Une situation qui ne déclenche plus d'anxiété chez vous peut en déclencher chez votre enfant. Chez les enfants, les premières disputes sont douloureuses et leur font craindre de perdre à tout jamais leurs amis. De même, ils surévaluent la mauvaise note craignant les foudres de votre part, de la maîtresse et les quolibets des autres enfants. Les adolescents ne sont pas en reste : le moindre bouton sur la figure et les voilà persuadés que le collège entier va se moquer.

> Lorsque je travaille avec les adolescents en groupe d'affirmation de soi, je leur propose cet exercice : ils doivent aller en cours en ayant sur le visage un trait de stylo-bille rouge qui semble avoir été fait par mégarde. Quoi qu'on leur dise, ils doivent répondre qu'ils savent qu'ils ont un trait, mais ne pas l'effacer. Avant qu'ils ne se lancent dans l'épreuve, je leur demande de me décrire leurs craintes. Le scénario catastrophe est en général celui-ci : le matin au petit déjeuner, ils se font disputer par leurs parents, leurs frères et sœurs ironisent. Sur le chemin de l'école *tout le monde les regarde bizarrement* en pensant qu'ils sont anormaux. L'arrivée au collège est dantesque, tout le monde rigole, se moque en cachette ou ouvertement et le jeune se retrouve exclu. Les professeurs le prennent comme un affront et l'obligent à se laver.

Avec un enfant dont l'anxiété vous paraît démesurée par rapport à la situation, essayez de deviner le scénario catastrophe sous-jacent à son angoisse. Vous découvrirez souvent que ses craintes sont liées à des informations erronées ou mal comprises et qui le terrorisent.

Je pense à Victor, 8 ans, qui avait peur de mourir car il se disait atteint du sida. Il avait vu sur un papier qu'il était O + sans savoir que c'était son groupe sanguin. Il avait lu zéro positif en énonçant le *z* comme un *s*. Vous suivez ? Séro positif. Il en avait déduit qu'il était malade.
À Martine, 13 ans, qui s'était brusquement mise à refuser d'aller au tableau ou de se lever en classe. Ses camarades lui avaient dit que ses règles arriveraient d'un coup en cascade et elle paniquait à l'idée de se retrouver dégoulinante de sang face aux autres.
Et à Yasmine, 9 ans, qui évitait avec terreur de monter dans une voiture de marque Mercedes. Elle avait regardé en famille les informations relatant le décès de la princesse Diana. Son père avait alors plaisanté : « Ce que la reine d'Angleterre avait souhaité, Mercedes l'a fait ! » La jeune fille n'avait pas compris le contenu implicite de la blague. Elle ne savait pas ce qu'était une marque de voiture et pensait que le mot « Mercedes » écrit sur une automobile suffisait à la rendre tueuse. La voiture est alors devenue mortellement dangereuse pour la jeune fille.

Prenez le temps de comprendre sans émettre de jugement. Il faut que vous donniez à l'enfant les moyens cognitifs de diminuer l'intensité de la menace perçue par lui.

✔ ***Informez, documentez, et rassurez aussi sur le fait que vous ne mettrez jamais votre enfant dans une situation qui vous paraîtrait trop dangereuse pour lui.***

Un autre moyen de les aider à surmonter leur inquiétude est d'utiliser la capacité de mimétisme des enfants entre eux : leur faire apprendre par exemple la bicyclette avec un ami à eux qui sait déjà en faire. Les enfants prennent modèle les uns sur les autres car ils se sentent parfois mieux compris par leurs pairs. C'est la raison majeure qui m'a fait animer des groupes d'affirmation de soi. Lorsque je transmettais mes techniques en consultation individuelle, je m'entendais souvent répondre : « Je veux bien vous croire docteur, mais vous ne savez pas comment ça se passe dans nos écoles. » Au sein du groupe, mes procédés sont appliqués entre enfants du même âge : première identification. À chaque fin de séance, je demande que les jeunes appliquent la technique apprise au sein de leur école et reviennent la semaine suivante en raconter l'efficacité. Cette narration de l'exercice, souvent couronné de succès, sert à nouveau de modèle. Ceux qui avaient encore des doutes et n'avaient rien tenté durant la semaine se disent : « Si eux ont pu le faire, alors pourquoi pas moi », et agissent les jours suivants.

➤ *Deuxième question : en suis-je capable ?*

Face à une situation évaluée comme dangereuse, l'enfant cherche ce que les psychologues appellent ses ressources propres. Suis-je capable physiquement, intellectuellement et émotionnellement d'affronter cette situation ? Une triple analyse est faite. Celle des compétences physiques déjà maîtrisées, celle des connaissances acquises et celle de situations où l'enfant a été confronté à une émotion identique. Il s'agit d'une mise au jour des expériences acquises antérieurement et engrangées dans la mémoire.

✔ *Nous sommes des sujets pensants avec une intelligence rationnelle et une intelligence émotionnelle.*
L'une ne va pas sans l'autre et la réponse va dépendre

des liens cognitifs, émotionnels,
et d'attachement antérieurs.

Je propose l'exercice du trait rouge à mes patients qui ont déjà bien avancé dans leur thérapie. Ils ont appris à connaître leur anxiété et à mieux la maîtriser. Ils se sont déjà exposés à des situations inquiétantes et ont su les affronter avec succès. Ainsi, ils ont appris par exemple à répondre aux moqueries. Tenter l'exercice sans que mes patients aient cette connaissance préalable serait impossible.

Votre futur vélocipédiste va tout d'abord observer le vélo et vous poser des questions sur son fonctionnement. Il va mettre en lien les données que vous lui transmettez et ses connaissances antérieures.

Résumons ce qu'il pense : bon, ce n'est pas trop dangereux puisque j'ai vu des amis de mon âge en faire et puis mes parents ne me lanceraient pas dans une telle entreprise si elle était trop risquée. Je suis capable d'en faire puisque je fais déjà du vélo à quatre roues et que j'ai compris comment le faire marcher.

➤ *Troisième question : serai-je soutenu socialement ?*

Les enfants ont un besoin absolu de lien affectif comme stimulant de leurs apprentissages. Ils s'évertuent à trouver dans leur entourage le soutien social. Il s'agit, dans l'exemple du vélo, des parents et de leur regard qui dit : « Je te fais confiance. » En classe, ils recherchent l'appui de la maîtresse et/ou de leurs pairs. Les liens affectifs permettent à l'enfant de se sentir soutenu affectivement et socialement dans sa démarche, même si elle échoue. Voici comment cela se passe lors du groupe d'affirmation de soi.

En détaillant les craintes déclenchées par l'exercice du trait rouge, il semble *a priori* impossible que mes jeunes patients se lancent dans l'aventure. Je leur explique, comme à toutes les séances, les tenants et les aboutissants de la démarche. Croyez-moi, ils posent de nombreuses questions visant à comprendre le bien-fondé de l'exercice. Une fois informés, ils ont besoin du soutien social. Deux facteurs les poussent à agir. Le premier est la confiance qu'ils ont en moi, fondée sur notre alliance thérapeutique et sur les expériences antérieures que je leur ai fait faire. Le second est le soutien des autres membres du groupe. Ils réalisent qu'ils ne sont pas les seuls à avoir peur et que donc personne ne va les juger.
À la séance suivante, ceux qui ont osé racontent. Le matin, la famille encore endormie n'a rien vu. Le visage fatigué des gens dans la rue n'a pas changé du quotidien. Au lycée, seules trois ou quatre personnes ont remarqué l'anomalie : les amis qui n'ont pas insisté lorsque le patient a reconnu qu'il avait un trait rouge mais ne l'a pas enlevé ; les moqueurs habituels qui, voyant que leurs provocations n'avaient aucun effet, ont vite abandonné. Nous sommes loin du scénario catastrophe envisagé !

Je dis souvent aux parents qu'ils doivent jouer le rôle de « pom pom girls », vous savez ces jeunes filles qui entonnent un refrain encourageant leur équipe que celle-ci vienne de marquer ou de rater un but. Votre pouvoir absolu est le lien affectif qui vous unit à votre descendance. N'hésitez pas à dire à votre apprenti que vous savez que ce qu'il fait est difficile, qu'il craint de ne pas y arriver et que c'est normal. Vous avez eu les mêmes peurs étant jeunes et encore maintenant, en tant qu'adulte, vous doutez encore de ne pas être à la hauteur de certaines situations. Rappelez-lui qu'il a le droit de ne pas réussir, que l'essai-erreur fait partie de l'apprentissage.

✔ *Et surtout, dites-lui que vous avez confiance en lui et que s'il échoue cette confiance ne sera pas entamée : il ne vous décevra pas, vous ne le jugerez pas.*

➤ *Après le contrôle de la peur, la recherche mnésique*

Afin de répondre aux trois questions antérieures, l'enfant fait le listing de ses ressources propres et du soutien social sur lequel il peut compter. Il mobilise, pour ce faire, les données stockées dans ce qu'on appelle la mémoire à long terme. C'est elle qui est en quelque sorte notre « disque dur » cérébral. Elle y installe les données fraîchement reçues. Afin qu'elles y restent définitivement, il faudra qu'elles soient utilisées régulièrement. C'est pour cette raison que tout sport nécessite un entraînement régulier et que tout apprentissage doit être révisé. Comme votre disque dur, la mémoire à long terme est régulièrement nettoyée des informations que vous n'utilisez que très peu. On ne peut se souvenir de tout, sinon, notre cerveau serait trop vite saturé. Les informations qui restent permanentes sont celles dont vous avez besoin fréquemment et celles qui ont été colorées d'une émotion intense. Je suis sûre que vous vous rappelez dans les moindres détails la naissance de vos enfants, mais aussi certains mots ou gestes malheureux de vos parents qui vous ont marqué par la souffrance émotionnelle qu'ils avaient alors engendrée. Ce rappel n'est pas forcément conscient, mais la mémoire, elle, fonctionne.

Il a été demandé à des enfants de 8 ans d'observer des images stimulant des émotions négatives telle la tristesse ou l'inquiétude. Les reproductions montraient, par exemple, des enfants bousculés en cours de récréation ou hospitalisés. Il a été ensuite demandé d'évaluer l'intensité de la douleur qu'ils imaginaient ressentie par le héros de l'histoire. Les deux groupes étaient différenciés par le fait que la moitié des participants étaient d'anciens prématurés qui avaient eu une hospitalisation et l'autre moitié des participants qui avaient eu une naissance sans problème. Les anciens prématurés ont évalué les situations médicales (piqûres, points de suture, prise de médicaments) plus fortement en intensité de douleur ou d'émotions négatives ressenties par le personnage mis en scène sur les images que les autres enfants. Cette différence n'a pas été retrouvée dans des situations récréatives (tomber d'un arbre, être bousculé) de la vie quotidienne (se pincer les doigts dans la porte, être piqué par une guêpe, se brûler sur une plaque électrique) ou psychosociales (être exclu d'un jeu, être réprimandé par le professeur). L'expérience de déplaisir des prématurés semble donc s'être mémorisée sur le long terme et avoir influencé leur appréciation des événements émotionnels liés à des actes médicaux. Cette expérience démontre que si d'anciens prématurés sont incapables de se souvenir de ce qu'ils ont vécu les premiers jours de leur vie, ils en ont gardé une trace émotionnelle indélébile dans leur mémoire à long terme.

Ainsi, la mémoire à long terme enregistre des traces qui influencent certains de nos comportements ou de nos émotions réactionnelles à ces souvenirs, même si nous avons l'impression de ne pas savoir pourquoi nous réagissons ainsi. Les réactions émotionnelles positives sont plutôt bénéfiques et n'amènent que rarement à se poser la question du pourquoi nous nous sentons heureux face à une situation. Par contre nos peurs ou notre tristesse, qui semblent irrationnelles et anticipatrices de certains événements, peuvent nous gêner dans notre vie quotidienne. C'est pourquoi, la base de toute psychothérapie sera de retrouver et de verbaliser les souvenirs attachés à ces émotions négatives.

Je l'ai déjà dit, mais j'insiste ici, la mémoire à long terme engrange toujours les informations *avec* le contexte affectif dans lequel elles ont été données. Lorsque votre enfant fait appel à la reviviscence de ses ressources, il remémore des expériences d'apprentissage analogues à la situation qu'il est en train de vivre. Si ces souvenirs sont colorés d'une émotion positive, nul doute qu'il se rassurera plus facilement sur ses compétences.

✔ *On apprend, on retient, on se souvient mieux dans un contexte chaleureux.*

➤ *Trouver la solution*

Une fois que l'on a répondu aux trois questions et mobilisé la mémoire de ses expériences antérieures, il faut trouver la stratégie. Parmi toutes ces données, la ou lesquelles utiliser afin de réussir tant sur le plan de la performance que sur celui de la régulation émotionnelle (les deux éléments du *faire face*, comme nous l'avons vu plus haut) ?

C'est là que la mémoire de travail se met en route. Oui, je sais, voilà encore une information technique, mais pas de panique, c'est tout simple.

Lorsque vous conduisez une voiture, vous faites fonctionner trois mémoires. La première, à court terme, stocke les informations sensorielles : tout ce que vous observez ou entendez sur votre chemin.

La deuxième, à long terme, a stocké toutes les stratégies utiles à la conduite automobile que vous maniez de manière quasi automatique.

La troisième, la mémoire de travail, est un centre de récupération des informations stockées dans les deux autres. Elle fait le tri des plus pertinentes et vous permet ainsi de réagir en quelques secondes au déroulé des événements.

Votre apprenti vélocipédiste a le même cerveau que vous. Sa mémoire de travail récupère ses acquis, s'informe des nouvelles données que vous prodiguez et choisit la stratégie qui lui paraît la plus adaptée. Je vous rappelle que, au passage, cette mémoire récupère aussi les informations émotionnelles : le témoignage de confiance actuelle que vous montrez et le contexte affectif engrangé lors de l'apprentissage du tricycle.

Ainsi informé, orienté cognitivement et affectivement dans les stratégies à utiliser, le jeune apprenti met en place le *coping* qui lui semble adapté à la situation inédite.

➤ *Et la confiance alors ?*

Si le faire face (*coping*) est une étude des potentiels et une recherche de stratégies efficaces, **la confiance est une prédiction positive sur les résultats de cette analyse**. Autrement dit, le choix de la tactique va dépendre de la confiance en soi.

Le stratège fait le pari qu'il a le potentiel et les ressources nécessaires pour faire face à un genre particulier de situation. Le confiant a une vision plutôt optimiste du résultat de son action future et va de ce fait tenter l'aventure. Alors, notre vélocipédiste monte sur sa bicyclette, appuie sur les pédales et commence à rouler avec le soutien du parent qui l'encourage et… le retient par le porte-bagages.

Il ne s'agit pas d'une confiance aveugle. Après y avoir réfléchi, l'enfant sait qu'il a des atouts dans son jeu :

- une bonne évaluation du danger réel de la situation,
- une connaissance de ses ressources basée sur ses expériences antérieures,
- un soutien social.

Il sait aussi qu'avoir des cartes maîtresses dans son jeu n'est pas une garantie fiable à 100 % du gain de la partie, mais que les forces sont très en sa faveur. La prédiction est donc plutôt réaliste.

Elle est ponctuelle aussi : dans un jeu, chaque partie aboutit à un score différent. Autrement dit, la confiance n'est jamais globale, jamais la même dans tous les domaines, jamais définitive.

Fred, 12 ans, est champion de moto d'une catégorie de cylindrée assez élevée (pardonnez mon peu de culture dans ce domaine). Le week-end, il n'hésite pas à rouler à toute allure sur les routes de campagne ou à se mesurer aux autres dans des compétitions. Mais la semaine, de retour en ville, il est terrorisé à l'idée de devoir traverser une rue et il craint de se faire renverser.

✔ *Chaque nouvel apprentissage remet en jeu la confiance que l'on peut avoir dans ses chances de réussite. Les expériences antérieures positives la renforcent rapidement.*

Maintenant que notre vélocipédiste est en équilibre sur sa bicyclette, il se sent plus confiant à l'idée de rouler plus vite, d'enlever une main, pourquoi pas les deux… « Euh, non pas les deux, la chute est plus fréquente et fait plus mal ! J'ai peut-être eu un peu trop confiance sur ce coup-là. Mais cela ne m'empêchera pas de continuer à rouler avec mes copains. Pour le sans-mains, on verra plus tard ! »

Qu'est-ce que la confiance en soi ?

➤ *Une valeur sûre mais fragile*

La croyance en soi ne peut être un terme générique et global. Il ne s'agit pas d'un trait de caractère qui s'applique en tout domaine. Nous nous sentons confiants dans certaines sphères, moins dans d'autres.

Cette confiance n'est jamais définitive. La multiplicité des facteurs environnementaux et des états psychologiques peuvent la déstabiliser.

Souvent, les parents sont étonnés de voir à quel point leur adolescent manque de confiance en lui, en totale opposition à l'enfant qu'il était. Mais, pour moi, un adolescent peu confiant n'est rien d'autre qu'un pléonasme. À cet âge, la confiance en soi est souvent remise en cause. Les connaissances opératoires s'accélèrent, s'intensifient, et leur rendement est assujetti au choix d'une carrière professionnelle. Trouver sa place socialement devient un enjeu primordial, il faut devenir quelqu'un à ses yeux, aux yeux de ses parents, mais surtout des autres. L'autonomie suppose une organisation hors pair entre le scolaire et les loisirs. En quelque temps, le jeune à peine sorti de l'enfance doit déterminer son avenir professionnel, devenir un citoyen votant et pourquoi pas fonder une famille. Sans compter les changements physiques et psychologiques qui bousculent les croyances infantiles sur l'image de soi et de son environnement familial.

➤ *Un sentiment et une source d'énergie*

La confiance n'est pas seulement un pari sur soi, c'est aussi un sentiment d'optimisme. Cette émotion chaleureuse va contrecarrer l'angoisse anticipatrice à l'événement qui posait problème. Le mieux-être éprouvé et la diminution de l'angoisse ressentie entraînent une véritable détente physique et psychologique. L'éprouvé agréable de la confiance stimule la sécrétion de neurotransmetteurs tranquillisants qui vont alors neutraliser l'action des anxiogènes sécrétés antérieurement. Décontracté et plus calme, le sportif, l'apprenant ou l'être social surmonte plus facilement ce qu'il pensait être un obstacle.

✔ ***L'effet dopant de la confiance en soi apporte l'énergie et le courage nécessaires aux multiples apprentissages propres au quotidien des enfants : le savoir, l'indépendance, la socialisation.***

➤ *Une connaissance de soi*

Se sentir confiant, c'est aussi renforcer sa conscience de soi. Savoir que l'on est un être autonome, que l'on peut se différencier et construire une personnalité singulière. C'est encore le sentiment d'avoir des qualités, un potentiel, qui aideront à franchir les étapes et à affronter les aléas de la vie. Envisager le soi, les autres et le futur avec confiance est la fondation indispensable à l'édifice de la vie.

Cette meilleure connaissance de soi permet de mieux communiquer avec les autres. Les confiants connaissent leurs points forts et faibles *et* les assument. Ils ne projettent pas leurs difficultés sur les autres, ils endossent les conséquences de leurs actes et de leurs choix. Ils sont capables de dire : « Je ne sais pas, je ne peux pas, je n'ai pas envie de faire. » Ils n'attribuent plus à l'environnement ou aux autres la responsabilité de leurs erreurs. De même, ils osent énoncer leurs préférences, leur contentement. En relation sociale, ils savent exprimer à ceux qui les entourent ce qui les touche dans leur relation : « J'ai aimé discuter, jouer, ton invitation… » « Ton amitié m'est précieuse, je sais que tu ne raconteras pas mes secrets, je peux compter sur toi… » Le receveur de ces informations ne peut qu'être encouragé à maintenir les liens affectifs entamés. Il est plus facile de se positionner vis-à-vis de quelqu'un qui ose dire, sans agressivité, ce qu'il pense ou ressent.

Pour vous, parents, ce mode de communication dite « assertive » évite les quiproquos où chacun s'emmure dans sa façon de voir sans partager le ressenti. L'assertivité de vos enfants confiants vous permettra de mieux les comprendre, la vôtre de faire accepter vos projets éducatifs.

➤ *Une confiance mutuelle*

Pour qu'un enfant ait confiance en lui, il faut qu'il ait confiance en vous. Le fameux regard « j'ai confiance en toi » est la source de vie de la croyance en son potentiel. Si vous ne pensez pas, ne ressentez pas qu'il a des capacités, alors comment pourrait-il s'en imaginer capable ? Ça y est, je vous entends déjà vous fustiger : « Si mon enfant n'a pas confiance, c'est de ma faute ! »

On se calme, on se détend, on jette sa culpabilité à la poubelle et on continue tranquillement sa lecture.

Rappelez-vous que des liens affectifs solides et un attachement sécure vous unissent. Votre enfant a foi en vous et en votre jugement, et cette croyance est la base de l'action en confiance et ceci jusqu'à peu près l'âge de 15 ans. Il aura alors suffisamment de ressources personnelles pour ne plus boire qu'à votre fontaine. À cet âge, l'affection, l'attachement, la confiance que vous lui avez prodigués lui ont donné une croyance en lui telle qu'il peut affronter la poursuite de sa mutation. Il va seulement varier son soutien social puisque c'est le propre de l'accès à l'indépendance adulte.

Bien sûr que parfois vous manquerez de confiance dans le potentiel de votre enfant. Il n'est pas superman et vous le savez. Vous sentirez parfaitement qu'il est plus efficient dans certains domaines que dans d'autres. Il est plus doué en maths qu'en français, il shoote mieux qu'il ne manie une raquette, il a de nombreux copains mais ne sait pas s'y prendre avec les filles... Lorsque vous proposez un projet comme l'apprentissage du vélo à vos enfants, soyez confiants dans le bien-fondé de votre demande. Que cela leur fasse plaisir ou non, ils ont besoin de vous sentir confiants dans votre rôle de parents bienfaiteurs. Peu importe que vous ayez tort ou raison soyez assurés de ce que vous décidez. Si vous vous posez ce genre de question « Suis-je un bon parent, ma demande est-elle pertinente ? », votre incertitude sera immédiatement perçue par vos enfants. Si vous doutez, comment votre apprenti peut-il avoir confiance en vous, en lui ? Dans ces questionnements par rapport à une situation nouvelle, une des réponses rassurantes est : « Si mes parents me poussent à faire cela, c'est qu'ils ont de bonnes raisons puisqu'ils sont les garants de mon bien-être. »

Comment trouver, en tant qu'enfant, confiance en soi si les parents n'ont pas confiance dans leur rôle de parent ? Un adulte ne peut être crédible que s'il est assuré de sa position, je dirai la même chose pour un enseignant, un coach ou toute autre forme de professorat.

> Les jeunes de zones d'éducation prioritaires sont certes plus provocateurs que la moyenne, et le moyen de les contrôler est avant tout d'être un enseignant sûr de son fait. Or ce sont les jeunes

enseignants frais émoulus de l'école que l'on envoie dans ces zones. Nouveaux dans la profession, ils sont peu sûrs d'eux et les provocations de leurs élèves les touchent d'autant plus. Du coup, ils se remettent en question, ce qui, au lieu de rassurer la classe, entraîne un manque de confiance en l'enseignant.

L'assurance du promoteur d'un projet stimule la confiance en ce projet, qu'il soit parent ou P-DG d'une entreprise. Bien sûr que vous ne pouvez pas être sûrs de tout et que vous ferez des erreurs, vous n'êtes pas parfaits. Mais la démarche de l'apprentissage est aussi d'apprendre à l'enfant qu'il peut se tromper de stratégie sans pour autant abandonner. Vous pouvez donc reconnaître certaines de vos erreurs sans pour autant démissionner. Dire : « J'ai eu tort ou je me suis trompé », c'est donner un bon modèle. **C'est montrer qu'il est possible d'être confiant tout en se trompant parfois.**

L'estime de soi

Voici l'instant tant attendu, notre petit humain a décidé d'enfourcher en confiance la bicyclette et se décide à rouler. Après les quelques tours de roue effectués sans encombre (forcément, vous le teniez !), le futur champion va *estimer* la valeur des stratégies qu'il a décidé d'utiliser. Ce feed-back sur sa performance et son contrôle émotionnel est important pour la suite des événements.

✔ *L'estimation de soi est la valeur que l'on attribue à nos actions. Elle est constituée de ce que j'appellerai deux notes ; la première est personnelle, la seconde est celle que nous donnent les autres.*

Avoir une bonne estime de soi ne veut pas dire que l'on s'encense, le mot « bonne » devrait plutôt être traduit par « juste ». Une juste estimation est une évaluation de ce que l'on a fait, qui tient compte d'une analyse personnelle la plus objective possible, mais aussi du retour d'opinion des autres sur notre façon d'agir. Les deux valeurs sont toujours intriquées car, étant un être social, l'humain a à la fois besoin de se comparer ou de se conforter dans le regard des autres et aussi d'avoir sa propre opinion.

L'estimation de soi évolue au cours des âges. Un nourrisson est incapable de s'estimer personnellement et va donc apprendre l'estimation de ses actes sur le modèle parental. Plus l'enfant avance en âge, plus il apprend à s'estimer lui-même en prenant modèle sur ses éducateurs : parents, enseignants, entraîneur sportif, pairs. À l'adolescence, l'estimation de soi s'évalue essentiellement dans le regard des pairs. À l'âge adulte, l'estime de soi personnelle et sociale s'équilibre.

Comprenez bien ici la différence entre confiance en soi et estime de soi. Le bébé qui explore son environnement et développe ses compétences a besoin en permanence de confiance pour s'autonomiser, apprendre, se socialiser. L'estimation parentale ne va que le conforter dans sa confiance, lui imposer des limites ou l'amener à trouver une autre stratégie.

✔ *La confiance en soi est l'énergétique de la connaissance, l'estime de soi en est le modulateur.*

➤ *L'estime autonome*

L'estime que j'appellerai autonome est la vision évaluative que l'enfant a de lui. Suite à son action, le jeune va estimer les stratégies qu'il a mises en place. Il vient de faire en confiance quelques mètres à vélo. Il réalise que la situation qui lui avait demandé un certain effort cognitif et émotionnel est réalisable. S'il s'estime à sa juste valeur, il se félicitera des réflexions qui l'ont amené à ce succès. C'est un peu comme s'il se donnait une note, faisait une estimation de son travail cognitif, de sa performance, de sa confiance en lui. Il sait qu'il ne roule pas encore tout seul, mais va demander à refaire la même expérience qui entraînera les mêmes résultats et la même estimation.

✔ ***La confiance l'a poussé à agir, l'estime de soi en retour le conforte dans les options qu'il a prises et dans sa confiance en lui.***

Après quelques tours de roues maintenu par vous, il est maintenant suffisamment en confiance et s'estime assez doué pour passer à l'étape supérieure. Il vous demande de le lâcher. Je vous rappelle que sa confiance n'est pas aveugle et qu'il sait parfaitement qu'il peut tomber. Mais il a pris en connaissance de cause ce risque et, si la chute intervient, elle fait partie des probabilités. Avec une bonne estime de soi, le feed-back portera sur la recherche d'une stratégie plus efficace sans remettre en cause sa foi en lui.

➤ *L'estime des autres*

Cette fois-ci, l'estime est sociale. Il s'agit du feed-back appréciatif que l'environnement va faire sur le *coping* réalisé. Ce sont d'abord vos commentaires, compliments ou critiques, évaluant la performance réalisée.

✔ *Il est donc important pour des parents de savoir faire une estimation juste et justifiée de la façon d'apprendre d'un enfant.*

Afin de le faire au mieux je vous propose de vous reporter au chapitre 5, « Le valoriser… et le critiquer ». Vous y verrez que, s'il est bon de complimenter, on peut aussi critiquer un enfant sans entamer sa confiance en lui. Une bonne estimation environnementale est fondamentale pour maintenir l'action en confiance.

C'est la performance que vous devez commenter, non l'individu. Émettre un jugement de valeur sur une personne, c'est prendre le risque d'entamer sa confiance en lui. Votre enfant n'est ni intelligent ni idiot ; ni gentil ni méchant. S'il réussit à faire du vélo, il n'est pas génial, mais a su trouver les bonnes stratégies. S'il tombe, dites-lui que c'est dommage qu'il ait oublié de freiner, sans ajouter : « Tu le fais exprès de ne rien comprendre ! » Dans le domaine de l'apprentissage du vélo, il ne vous viendrait pas à l'idée de lui dire ça, vous ne l'avez jamais fait, mais lors des devoirs ? Quel parent ne cède pas par moments à l'irritation ? Une mauvaise note doit pouvoir s'expliquer sans entamer la foi qu'a l'enfant en ses potentiels d'apprentissage.

➤ *Confiance et estime de soi : une relation pleine de rebondissements*

Le désir d'apprendre, de s'autonomiser, de se socialiser ne peut se réaliser et perdurer sans la confiance en soi. L'estime de soi n'apparaît que dans un second temps dans le développement de l'enfant. La confiance en soi est l'énergétique de la connaissance, l'estime de soi n'est que son appréciation.

Connaître sa valeur renforce la confiance que l'on peut avoir sur soi, sur l'environnement et le monde futur.

Si les psychiatres d'adultes nous parlent souvent de l'estime de soi comme donnée fondamentale, ma pratique avec les enfants montre que, sans une confiance en soi solide, les données de l'estime de soi n'ont aucun impact.

Gwenaelle est une jolie jeune fille de 15 ans. En avance sur son âge, elle est en première scientifique dans un établissement à réputation élitiste et a d'excellents résultats. Ses professeurs et ses parents ne tarissent pas d'éloges sur ses performances scolaires. Pourtant, à chaque retour de contrôle, l'adolescente a des angoisses et craint d'avoir raté son examen. De même, en consultation, elle me demande à cor et à cri une évaluation de son QI pour se rassurer, me dit-elle, sur le fait qu'elle n'est pas « débile ».

Gwenaelle est capable de s'estimer à sa juste valeur, elle sait qu'elle est une bonne élève, car elle s'en donne les moyens, et reconnaît que les félicitations de son entourage sont justifiées. Autrement dit, elle a une bonne estimation de ses résultats scolaires. Pourtant elle n'a aucune confiance en elle. Son histoire est la suivante : la naissance de sa sœur a coïncidé avec son entrée en maternelle. La cadette a failli mourir à la naissance et a été longuement hospitalisée. Les parents, très inquiets pour le bébé, ont accordé un peu moins d'attention à Gwenaelle.

Durant cette période, Gwenaelle était devenue le bouc émissaire d'une maîtresse qui malheureusement l'a accompagnée tout au long de la maternelle. Gwenaelle était à l'époque un peu maladroite et ses activités s'en ressentaient. L'enseignante prenait régulièrement ses cahiers pour les montrer aux autres en exemple de « ce qu'il ne fallait surtout pas faire ». Gwenaelle, en butte à cette humiliation régulière et peu soutenue affectivement par ses parents, en a déduit qu'elle serait toujours le mauvais exemple scolaire à ne pas suivre. Si elle travaillait bien, ce n'était pas parce qu'elle aimait cela, mais dans le but d'avoir toujours les meilleures notes afin d'éviter toutes nouvelles comparaisons négatives aux autres élèves. Malgré ses bons résultats, la jeune fille pensait toujours qu'elle était capable du « pire » et que « sa maîtresse de maternelle avait probablement décelé sa débilité sous-jacente ».

Il aura fallu deux ans de travail psychothérapeutique avec Gwenaelle et sa famille pour que je puisse vous raconter cette histoire. Comment une jeune fille qui a une bonne estimation de soi pouvait-elle à ce point être angoissée après ses contrôles et s'inquiéter à l'idée d'être débile ? Cette histoire est illustrative de la toute-puissance de la confiance en soi par rapport à l'estime de soi. Lorsque la jeune fille se posait les questions : « Est-ce dangereux ? Suis-je capable ? Serai-je soutenue socialement ? », sa mémoire à long terme lui rappelait ses humiliations anciennes et renvoyait une réponse négative aux trois questions. Pourtant, elle avait de bonnes notes et avait donc trouvé la bonne stratégie ! Non, car ses résultats étaient le fruit d'un travail outrancier qui avait débuté dès le CP, accompagné d'une angoisse massive face à toute évaluation. Elle n'apprenait pas par plaisir mais afin d'éviter la honte de ne pas avoir la meilleure note ou de recevoir la remarque négative d'un enseignant. Les années passant, ce rythme de travail et son angoisse l'avaient amenée à commencer une phobie scolaire. Les bonnes notes la confortaient dans l'idée que c'était la bonne méthode pour ne pas se faire rejeter par les enseignants, mais à aucun moment elles ne lui ont redonné la confiance en soi perdue au moment de la maternelle.

Que retenir ?
L'action en confiance

• Agir en confiance dépend d'une évaluation cognitive à trois niveaux.
• La situation est-elle dangereuse pour moi ? Une explication détaillée dans un contexte affectif chaleureux minimise les dangers suscités par l'inconnu.
• Ai-je le potentiel intellectuel et émotionnel d'y faire face ? La mémoire de travail fait le tri immédiat des données actuelles et mémorisées. Elle oriente vers une stratégie efficace tant sur le plan scientifique que sur la régulation des émotions.
• Aurai-je un soutien social ? La confiance en soi dépend des liens affectifs et d'attachement antérieurs et se renforce par l'expérimentation personnelle et le soutien parental ou social, qui l'accompagnent. L'enfant est dès la naissance promoteur de ces liens, vos aptitudes à lui répondre les renforcent. (voir tableau « Action en confiance et action sans confiance » ci-contre)
• Le résultat de l'action en confiance est évalué par l'estime de soi. Cette évaluation renforce la confiance en soi.

✔ *C'est au cours des expériences de l'enfance*
et de l'adolescence que se construit la confiance en soi.
Le niveau de confiance en soi devient stable
et quasi définitif à l'âge adulte.

• La confiance est ponctuelle, mais chaque point mis à la fin d'un chapitre du roman infantile permet d'avancer dans l'histoire du héros. Le manque de confiance en certains domaines

Action en confiance et action sans confiance

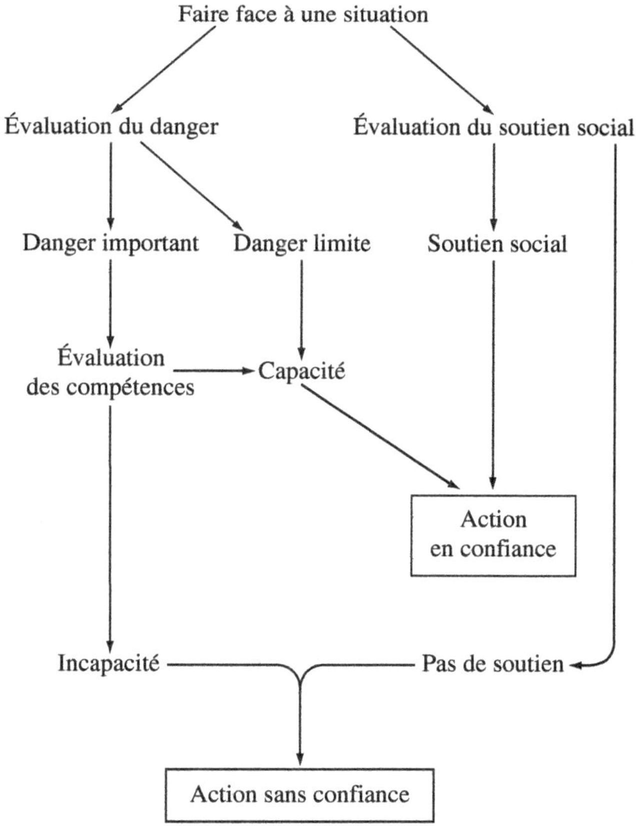

entraîne une inhibition ou un renoncement de la part de l'enfant. Sa biographie est alors truffée de questions sans réponses qui fragiliseront les connaissances du futur adulte.

• Un enfant qui a appris à se faire confiance sera un homme ou une femme confiant même aux pires moments de son existence. Il sait qu'il a au fond de lui le potentiel de rebondir. Un enfant qui manque de confiance restera inquiet sur ses qualités, même s'il a une bonne réussite sociale en tant qu'adulte.

• Un homme ou une femme peuvent apprendre facilement à mieux s'estimer ou s'affirmer, mais un manque de confiance en soi demandera un travail de reconstruction cognitive ou analytique qui fera un retour en arrière jusque dans le tissage des liens affectifs et d'attachement infantiles.

DEUXIÈME PARTIE

La confiance en soi de l'enfant, comment la développer ?

CHAPITRE 5

Le valoriser et... le critiquer

Vous avez valorisé, exulté et félicité le cycliste pour les quelques mètres réalisés. Vous l'avez même annoncé à toute votre famille et avez récompensé votre enfant d'un énorme câlin. Le meilleur moteur de *la confiance en soi* sur le long terme, c'est le plaisir et les encouragements quotidiens des parents.

Confiance et estime de soi : les deux engrais de l'enfance

L'épanouissement de la personnalité et des connaissances de vos enfants puise sa source dans des bases solides tels les liens affectifs, d'attachement et la confiance en soi. Ces racines bien implantées assurent l'effloraison d'une individualité au caractère et au tempérament singuliers. Dès sa sortie de terre, une plante, même au sein de ses congénères, suit un cursus qui lui est propre et nécessite des soins individualisés. L'évolution du bébé humain suit le même cours. Une fois implantée dans le sol, une graine germe et puise dans son milieu environnant les ressources nécessaires afin de créer des racines solides lui permettant d'éclore ensuite à l'extérieur et de prendre sa place au sein de la nature. Le bébé, le nourrisson, l'enfant, font de même. Une des racines fondamentales pour leur devenir est la confiance en soi. Celle-ci se nourrit de la qualité des liens affectifs, d'attachement, de votre regard de confiance, de votre assurance de parents. Les premiers chapitres de ce livre vous ont, je l'espère, montré des moyens d'entretenir le parcours affectif et d'attachement avec vos enfants. Ils vous ont aussi montré qu'il fallait surpasser votre crainte de ne pas être à la hauteur.

Votre petit d'homme pointe maintenant son nez à la surface de la terre et il va encore avoir besoin de soins particuliers pour l'aider à pousser, à grandir, à connaître et enfin à procréer. Tous les jours vos encouragements vont l'aider à développer son estime de soi et par feed-back à renforcer sa confiance en soi. Ce chapitre et les trois suivants vont vous donner des pistes afin d'apporter au quotidien l'engrais estimatif qui aidera votre jeune pousse à devenir une plante vigoureuse.

✔ *S'il puise dans ses racines la confiance en soi, l'estime de soi est l'engrais qui va lui permettre de s'épanouir au grand jour.*

Être un bon estimateur social pour votre enfant

➤ *L'estimation, c'est valoriser... et critiquer*

Les deux pôles sont complémentaires. L'enfant a besoin de comprendre précisément ce qu'il fait bien pour pouvoir le refaire et tout aussi précisément ce qu'il n'a pas bien fait afin de pouvoir changer de stratégie. Il a besoin de connaître ses compétences, mais aussi de les estimer à leur juste valeur. Il doit pouvoir être un bon critique de lui-même. Il a fait un choix stratégique (par exemple, décider d'enfourcher le vélo), il doit savoir si c'était le bon choix ou non, sans remettre en cause sa confiance en lui. Il doit apprendre à analyser ses options stratégiques : ce qu'il fait de bien et pourquoi ou ce qu'il doit améliorer et comment.

Cette analyse de compétences, l'enfant apprend à la faire progressivement en prenant modèle sur les adultes, en intégrant les remarques des censeurs qu'il rencontre : ses éducateurs, ses professeurs ou ses pairs. Et plus la charge affective envers ces personnes est importante, plus leurs critiques et compliments auront un impact direct sur l'estime de soi de l'enfant. C'est avant tout sur votre façon de l'estimer, lui, que l'enfant va prendre exemple, qu'il va apprendre à s'estimer, et cela dès sa tendre enfance.

Les deux pôles doivent être utilisés de manière équilibrée : vous serez vécus comme injustes dans vos critiques si vous ne savez pas valoriser. À l'inverse, si vous les valorisez trop, les enfants auront l'impression que vous le faites pour leur faire plaisir, mais que vous ne le pensez pas vraiment.

Savoir estimer correctement n'est pas si simple, pas si naturel, surtout si, dans votre propre éducation, vous avez vous-même été peu ou mal estimés. Il y a des mots qui font mal et entament la confiance des enfants. Le succès des livres de Christophe André [1]sur l'estime de soi en témoigne.

C'est pour ces raisons qu'il est important de prendre le temps de comprendre ce qu'est en pratique l'estimation.

1. C. André, F. Lelord, *L'Estime de soi*, Paris, Odile Jacob, 1999 ; C. André, *Imparfaits, libres et heureux*, Paris, Odile Jacob, 2006.

Deux questions me sont souvent posées en consultation : « N'est-ce pas mauvais de trop valoriser ? » et « N'est-ce pas dangereux de critiquer ? »

➤ *Est-il dangereux de trop valoriser ?*

Les adultes d'aujourd'hui ont pour beaucoup reçu une éducation qui pointait avant tout les erreurs et considérait les réussites comme normales. Il ne semblait pas nécessaire de les souligner. On craignait que la valorisation des actes rende l'enfant imbu de sa personne. On pensait que trop valoriser le gâterait.

Mais où est le danger ? Vous avez exulté lors de ses premiers pas, applaudi lorsqu'il a fait dans son pot, vous lui avez dit que son dessin était magnifique… A-t-il l'air de toiser tout le monde, est-il hautain ? Sur le coup, bien sûr, il va un peu « se la jouer » et peut-être même (rivalité fraternelle oblige) dire à son cadet que « lui est capable de… ». Mais soyons réalistes, je reçois régulièrement des patients peu ou mal valorisés, qui présentent une mauvaise estime d'eux-mêmes, rarement l'inverse. Et je ne rencontre pas des enfants en difficulté pour avoir été valorisés par leurs parents.

Alors, n'ayez pas peur de vos compliments. Lorsque vous allez dire votre fierté à votre vélocipédiste qui vient de réussir à rouler quelques mètres seul, n'allez pas croire qu'il va intimement penser qu'il est le futur maillot jaune du tour de France. Il est possible qu'il le dise par plaisir, mais, à la première chute, il saura remettre lui-même les pendules à l'heure.

La valorisation doit porter sur un acte, une parole, une situation, pas sur des qualités. L'expression de vos sentiments positifs accompagnant votre discours va renforcer les liens affectifs et donc… la confiance en soi de votre enfant.

De plus valoriser permet aussi d'abaisser le nombre de critiques : lorsque vous dites que vous êtes contents de la chambre bien rangée, l'inverse est implicite, vous aurez ainsi fait passer un message de manière plus positive.

➤ *Est-il dangereux de critiquer ?*

Sévères, mais justes

Après des années passées avec mes jeunes patients, je crois être arrivée à comprendre ce qu'ils appellent un « bon professeur ». En pratique, il suffit de regarder les commentaires de ces enseignants. Ils manient clairement la critique et le compliment. Autrement dit, ils savent valoriser chez leurs élèves leurs réussites et leur montrer comment surmonter leurs difficultés. Ils ne font pas de cadeaux, tout est pointé, le pire comme le meilleur. « Il est sévère, mais il est juste », disent mes patients.

Il y a une quinzaine d'années, une étude avait été réalisée dans une ZEP de banlieue où les collégiens étaient particulièrement difficiles. Cette recherche avait montré sur plusieurs « générations » de collégiens que ceux-ci s'attaquaient toujours aux mêmes professeurs. D'autres n'étaient jamais inquiétés. La qualité pédagogique des enseignants n'était pas remise en question. Tous avaient la même formation, le même parcours et la même expérience. La différence se situait en terme de communication. Les premiers ne maniaient que le bâton, les seconds équilibraient critiques et compliments. Les émeutes de septembre 2006 ont remis au goût du jour cette étude. Il a été constaté que les enseignants mutés dans les collèges réputés difficiles sont les plus novices. Ces jeunes professeurs n'ont pas reçu de cours de communication lors de leur formation. Ils apprennent la théorie, mais savoir répondre à un adolescent provocateur (ce qui est, pour moi, un autre pléonasme) n'est pas à l'ordre du jour. Manquant de confiance en eux, sans expérience pratique suffisante, ils ne trouvent pas forcément les mots qui désamorcent la plupart des situations conflictuelles. Les adolescents d'aujourd'hui ne font pas de cadeaux, ils ont peu de limites, ne respectent plus le corps professoral et sont rapidement dans le passage à l'acte agressif. Ils ciblent tout particulièrement certains enseignants qui ne savent pas manier la communication assertive.

➤ *Estimer les performances, sans juger la personne*

La mortification surgit lorsque des censeurs confondent évaluation des *copings* (actes, performances…) et jugement de valeur sur sa personne. J'entends souvent des réflexions telles que « tu es gentil (le), tu es bête, tu es vilain, tu es sage… ». Ces mots jugent la globalité de l'enfant.

Prenons un exemple. Imaginez que votre petit bonhomme de 5 ans a participé à un repas de famille. Il est difficile à cet âge, compte tenu de la durée de ces agapes familiales, de se tenir correctement et pourtant il le fait. Il se lève ensuite et fait tomber sur la belle nappe brodée un verre de vin : est-il stupide ? n'a-t-il pas été sage ? est-il maladroit ? Le problème est qu'il risque d'entendre ces phrases sibyllines qui, outre qu'elles touchent directement des critères de valeur de sa personnalité, dénient ses conduites adaptées antérieures à l'incident.

Je sais que vous allez me dire que ce sont des mots qui s'échappent lors de la colère et que vous ne les pensez pas. Je vous fais confiance, mais je ne suis pas sûre qu'un enfant de 5 ans le comprenne ou qu'il puisse apprendre à s'estimer de cette façon. Même des termes positifs comme « mignon, sage, gentil, intelligent… » ne sont pas clairs. Comment estimer ma sagesse : je suis sûre que si je demandais aux participants du repas familial si l'enfant a été sage ou non j'aurais différentes évaluations. Alors comment voulez-vous que l'on s'y retrouve ?

En consultation, je constate souvent que les enfants évaluent leur intelligence sur leurs notes. Les mauvais résultats sont pour eux un signe de stupidité. Il faut reconnaître qu'on le leur a souvent dit. Même les professeurs font cette erreur : « Peut mieux faire compte tenu de son intelligence. » Je suis sûre que vous connaissez comme moi, des gens qui ont suivi un cursus scolaire dramatique et pourtant ont bien réussi dans leur vie professionnelle et familiale, ils sont donc stupides ou intelligents ?

Essayez d'éviter coûte que coûte les jugements de valeur sur les personnes et remplacez-les par une estimation sur les compétences : un enfant n'est pas nul en maths, il a raté son interrogation. Dans le premier cas, votre enfant risque de se croire irrécupérable en la matière (voire inintelligent), dans l'autre, il sait qu'il doit comprendre ce qui a fait que cette interrogation a été ratée, sans remettre en cause la confiance qu'il a en ses capacités mathématiques. Dans le premier cas, la confiance atteinte risque d'entraîner un abandon d'apprentissage, dans le second vous stimulez une recherche de stratégie nouvelle afin de mieux faire face. Dans le premier cas vous êtes freineurs de la connaissance, dans le second vous êtes motivants et maintenez la confiance en soi.

Chaque fois que vous évaluez un acte en utilisant des termes génériques portant sur une qualité ou un défaut, l'enfant pense que vous remettez sa personnalité en cause. Or ce n'est pas le cas, vous estimez un acte, un mot ou une situation qu'il faut valoriser ou critiquer. Attaquer la personne, c'est prendre le risque d'une mauvaise estimation de soi et en retour d'un manque de confiance par le jeune dans son individualité.

✔ *Estimez – en valorisant ou en critiquant – un acte, un mot ou une situation, pas la personnalité.*

S'affirmer, valoriser, critiquer en pratique

➤ *Affirmez-vous !*

Savoir s'affirmer, c'est être assertif. C'est soutenir ses propos sans agressivité, ni les abandonner dès la moindre opposition. Vos paroles vous engagent et doivent exprimer clairement ce que vous pensez et ressentez. Votre interlocuteur doit vous entendre dans une relation mutuelle de respect. Il ne s'agit pas d'imposer votre point de vue mais de le donner[2].

Réfléchissez simplement à la différence de ressenti que vous aurez si je vous dis : « Vous avez tort » ou : « Je ne suis pas d'accord. » Il est fort probable dans le premier cas que vous montiez sur vos grands chevaux et cherchiez à me démontrer que c'est moi qui me trompe. Dans le second, moins énervé, vous écouterez mon point de vue divergeant du vôtre. Au lieu de nous disputer, nous discuterons et peu importe qui a tort ou raison.

Avez-vous vu où se situe la différence dans ces deux assertions ? Essentiellement, dans l'utilisation du pronom personnel. Le « vous » attaque la personnalité de l'autre et déclenche un sentiment d'agression, le « je » exprime ce

2. F. Fanget, *Affirmez-vous*, Paris, Odile Jacob, 2002.

que vous pensez, vous vous impliquez dans votre opinion sans remettre en cause celle de votre interlocuteur.

Les professeurs qui utilisent cette communication restent assertifs face à leurs élèves. Elle est particulièrement importante à utiliser face à des adolescents en recherche de leur personnalité essayant d'imposer leur point de vue. Vous avez déjà noté qu'ils savent tout, et vous font rapidement remarquer que vous être trop vieux pour comprendre. Rentrer dans cette relation, leur prouver qu'ils ont tort, est peine perdue. Sachez continuer à affirmer vos opinions, votre expérience, vos croyances en utilisant le « je » : « Je suis peut-être vieux jeu ("vieux con") mais c'est comme cela que je vois les choses. »

Avec vos enfants, n'ayez pas d'illusions, ils ne reconnaîtront jamais que vos avis prévalent contre les leurs. Mais le fait que vous ne les avez pas remis en cause, les rend réceptifs à vos arguments. Ce n'est que bien plus tard ou dans l'intimité de mon cabinet qu'ils reconnaîtront que leur jeunesse et leur impulsivité les avaient empêchés de vous dire que votre expérience leur a servi de modèle dans la construction de leur personnalité.

Il serait évidemment bénéfique, afin d'éviter certains conflits intrafamiliaux, que les jeunes sachent aussi être assertifs[3].

➤ *Valorisez*

« Je » + « sentiment »

• Un compliment bien fait doit expliciter clairement ce qui fait l'objet de félicitations. La phrase doit décrire le com-

3. L. Vera, G. George, *Comment soigner la timidité de l'enfant et de l'adolescent*, Paris, Dunod, 2006.

portement, le mot, l'action que vous pointez, de telle façon que votre enfant sache exactement comment les reproduire : « Je suis content(e) que tu aies rangé ta chambre. »

Vous avez remarqué que j'ai mis une émotion (« contente ») dans mon éloge. Je vous rappelle que l'affect est l'énergétique de la cognition. De plus, son expression souligne encore plus votre plaisir et vous implique dans le lien émotionnel qui vous unit à votre enfant.

• Le message émotionnel n'est pas si simple à communiquer : il est constitué d'éléments verbaux et corporels qui doivent se compléter. Est-ce votre message verbal ou votre corps qui est le plus représentatif de ce que vous ressentez ?

• Avec un nourrisson, c'est votre message non verbal qui prime à ses yeux scrutateurs. Pour le plaisir, faites-le sans limites. Par contre, soyez attentifs à l'expression de votre mécontentement : avoir un visage de mécontentement et réitérer la même expression faciale à chaque tentative. Ce visage contrarié sera engrangé dans sa mémoire de représentations et, afin qu'il y reste sur le long terme, évitez de multiplier les facettes expressives. Gardez la même réaction. Évitez de monter d'un cran dans votre colère, vos cris ou de donner une tape sur la main, le nourrisson ne pourra comprendre vos nouvelles réactions.

• Lorsque l'enfant grandit, il comprend le lexique émotionnel et l'associe à la représentation de votre visage correspondant déjà mis en mémoire.

• Le lien affectif s'exprime par un échange de sentiments : si votre jeune vient de vous offrir un dessin et que vous lui dites qu'il est gentil, vous faites un commentaire sur sa personnalité. Par contre si vous entamez votre phrase par « ton dessin me fait très plaisir », alors vous êtes dans la pérennisation de l'union affective. De même, un « je ne suis pas

content(e) » est plus liant et aussi moins dévalorisant affectivement que « tu es méchant ».
• J'ai aussi utilisé le pronom personnel « je ». Impliquez-vous, le lien émotionnel passe par votre réponse à la sollicitation de votre enfant. Eh oui, n'en déplaise à certains, l'une des raisons pour lesquelles votre descendant a décidé de mettre de l'ordre dans son antre est de vous faire plaisir. Je sais que l'on pense souvent que les enfants doivent apprendre à travailler pour eux, qu'ils doivent ranger car il faut qu'ils prennent conscience qu'il y a des règles, qu'il est nécessaire qu'ils s'autonomisent, et point n'est besoin de les féliciter pour cela.

La réalité est autre car le petit d'humain est l'animal le plus longtemps dépendant de ses géniteurs. De plus, il a une vision du futur beaucoup plus à court terme que vous. Jusqu'à la fin du collège, le moteur essentiel de ses résultats scolaires est votre contentement lors de ses bonnes notes. C'est aux alentours de 15 ans qu'il prend réellement conscience des enjeux de son travail et qu'il commence à le faire indépendamment de votre avis. Correctement éduqué en la matière, il sait à cet âge être un bon juge de ses compétences. Même si votre affect reste important, il n'a plus le poids qu'il avait dans la balance de ses ressources. Il sait les évaluer de manière autonome, vous aurez alors réussi à lui transmettre vos valeurs.

Je rappelle qu'il ne s'agit pas d'énoncer un jugement de valeur même positif sur la personne qu'est votre enfant, mais de valoriser et d'estimer ce qu'il vient de faire. Donc évitez les « tu es gentil, beau, mignon, sage… ».

À quoi sert un compliment ?

• *À faire plaisir :* avouez qu'il est agréable de recevoir un compliment. Si vos chefs au travail vous en faisaient plus, vous apprécieriez d'avoir une estimation positive de vos performances et votre charge de travail s'en trouverait allégée.

• *Le dire haut et fort maintien le lien affectif :* si votre regard est suffisant lorsque l'enfant est jeune, plus celui-ci grandit, plus il a besoin des mots. Il apprend ainsi le lexique émotionnel.

• *À vous faire plaisir :* il est plaisant de donner une image de soi positive et d'améliorer les relations avec les autres par ces compliments.

• *Affirmez votre personnalité :* les personnes qui sont attachées à vous (et vos enfants sont leaders dans ce domaine) savent mieux se positionner afin de continuer à tisser le lien qui vous unit.

• *Expliciter clairement ce qui vous fait plaisir :* la description très claire du comportement, du mot, de l'action de la situation récompensée donne un feed-back précis à l'enfant. Il connaît maintenant une tactique reproductible. Elle a été estimée positivement par votre compliment. La qualité de sa mémorisation sera meilleure puisqu'elle a été engrangée en même temps que votre émotion de plaisir.

• *Il donne envie de refaire :* l'affect exprimé incline le complimenté à reproduire le sujet de contentement. Vous savez ce que j'appelle les « parents radiocassettes ? ». Il faudrait enregistrer certaines phrases que vous répétez quotidiennement : « va te laver les dents, va faire tes devoirs, ne laisse pas traîner tes chaussures dans l'entrée... » Reconnaissez combien il est réconfortant et agréable de marquer les points positifs plutôt que les tirades négatives.

Je ne dis pas que cela marche à tous les coups. Mais essayez de souligner positivement les rares occasions où votre tribu aura rangé, au lieu de râler lorsque ce n'est pas

fait. Il est probable qu'il y ait un changement. De toute façon, vous ne passerez moins pour un(e) « emmerdeur(se) ».
• *Vous aurez moins de critiques à faire :* il est implicitement clair pour votre interlocuteur que, lorsque vous valorisez une chambre rangée, c'est que le contraire vous déplairait. L'émission d'une critique est toujours délicate. En donnant les informations à votre entourage sur ce qui vous fait plaisir, il vous appréhendera mieux et commettra moins d'impairs à rectifier.
• Lorsque vous aurez des critiques à faire, elles seront mieux acceptées et vous serez reconnus comme « justes » car vous savez équilibrer le négatif comme le positif. C'est exactement ce que mes patients appellent « sévère, mais juste ».

L'impact des compliments est résumé dans le tableau suivant :

À quoi sert un compliment

Pour le parent	Pour l'enfant
Faire plaisir	Avoir du plaisir
Le dire	Sentir que l'on remarque ses efforts
Améliorer le lien affectif	Amélioration du lien affectif
Expliciter positivement ses besoins	Connaître les besoins du parent
Valoriser	Avoir une bonne estimation sociale
Donner envie de refaire	Savoir comment refaire
Avoir moins de critiques à faire	Être moins critiqué
Paraître plus juste	Mieux accepter les critiques

Vous aurez pu constater combien l'enseignement par des remarques positives est plus efficace que la critique. Pour répondre à ceux qui s'inquiètent de la valorisation outre mesure, je pense que celle-ci consiste en la sublimation des qualités des gens. En ce sens, il est vrai que l'on fait un jugement de valeur qui même positif n'a aucune des qualités précitées dans le tableau.

➤ *Critiquez*

Le risque d'une critique est de déclencher une émotion négative trop violente chez la personne qui l'entend. Trop en colère, elle n'écoutera plus vos arguments, aussi justes soient-ils, et sortira le « bazooka » qui vous fusillera en réponse. Voici quelques pistes à suivre afin d'éviter la guerre civile.

• Tout d'abord, n'attaquez jamais la personne. Dire à quelqu'un qu'il a un défaut est injuste et contraire à l'optique de votre propos. Prenons un exemple : vous rentrez harassés de votre travail et vous trouvez vos enfants devant la télévision, les devoirs ne sont pas faits. Vous lâchez : « On se donne un mal de chien pour vous et vous n'êtes qu'une bande de fainéants ! » En traitant vos téléphages de paresseux, vous faites un jugement de valeur. Certes, sur ce coup-là, ils n'ont pas travaillé, mais sont-ils oisifs dans tous les domaines ? Je vous garantis qu'ils vous feront remarquer toutes les fois où ils ont été besogneux. D'autre part il n'y a pas de cohérence, en termes de communication, dans vos propos. Vous souhaitez que vos enfants fassent leurs devoirs avant tout, et vous leur dites qu'ils en sont incapables puisqu'ils sont fainéants.

• Deuxièmement, évitez les généralités comme « vous êtes tout le temps devant la télé ! ». Vous pouvez être sûrs qu'en réponse, vos preux chevaliers vous rétorqueront qu'en l'an de grâce 1412, à 12 h 9 précises, ils faisaient autre chose. Et votre discussion tournera sur le nombre de fois où vous avez constaté leur penchant télévisuel. Encore une fois, ce n'était pas votre objectif, vous voulez qu'ils fassent leurs devoirs avant tout et vous vous êtes éloignés de votre propos.

• Si vous lachez une critique généralisée *et* personnalisée : « Vous n'êtes qu'une bande de fainéants, vous êtes tout le temps devant la télé ! », je crains que la seule efficacité soit que vous libériez votre stress quotidien sur vos enfants devenus punching-ball et *vice versa*.

Bien sûr, vous n'êtes pas de bois et effectivement vous avez passé une journée difficile, vous travaillez beaucoup afin que vos enfants ne manquent de rien et ce que vous leur demandez c'est simplement de faire leurs devoirs. Je suis d'accord, mais cette façon de faire risque de créer une tension supplémentaire à votre journée et de ne pas aboutir à des changements.

• Je vous propose d'exploser, mais différemment : « Ça me fait chier de vous voir devant la télé alors que les devoirs ne sont pas faits ! »

Détaillons cette assertion : premièrement en utilisant le « me » ou « je », vous n'attaquez personne, vous vous impliquez, vous affirmez. Deuxièmement, vous employez un terme émotionnel, je vous laisse le choix du lexique, mais il doit être à la hauteur de votre ras-le-bol. L'expression du sentiment souligne votre implication et permet de lâcher votre colère. Enfin, en explicitant clairement votre objet de tourment, vous permettez à vos interlocuteurs de savoir quoi faire pour y mettre fin.

• Reconnaissez aussi que parfois vous vous lâchez à la suite d'une journée stressante. Vous risquez là de ne pas savoir vous contrôler tant votre Cocotte-Minute est emplie à ras bord d'émotions négatives.

Je pense en particulier au moment où vous faites faire les devoirs. Votre enfant peu réceptif, quelle qu'en soit la raison, vous énerve. Vous avez vraiment l'impression qu'il n'y met pas du sien et vous allez exploser. C'est dans ces moments-là que l'on est le plus maladroit en termes de critique. Or c'est aussi justement dans ces moments qu'il ne faut pas entamer le lien affectif, ne pas renvoyer une estimation sociale touchant la personnalité et blessante pour la confiance en soi de l'enfant.

Je vous suggère alors de faire un break : allez dans un lieu apaisant ou tapez sur un coussin afin de dégager votre irritation. Une fois plus calme, revenez à une critique sur la façon de procéder de votre enfant, plus adaptée. Je vous rappelle que vous n'explosez jamais lorsqu'un enfant n'arrive pas à faire du vélo. Devant son incompétence, et même si vous avez l'intuition qu'il ne s'en donne pas les moyens, vous proposez, la plupart du temps, de recommencer une autre fois.

Entendons-nous bien, je ne vous interdis pas de faire des critiques, bien au contraire ! Elles font partie de l'apprentissage, mais c'est dans la façon de procéder que je me permets de vous faire des recommandations.

• Encore un point important, ne faites qu'une critique à la fois : la litanie de griefs à la suite les uns des autres ne permet pas à vos enfants de tout gérer : « Oui, j'en ai assez de vous voir devant la télé, de trouver vos chaussures qui traînent, que les devoirs ne soient pas faits, que votre chambre soit un foutoir… »

• Essayez aussi de temps en temps la version positive : j'aimerais bien que tu ranges ta chambre ; ça me ferait très plaisir que les devoirs soient faits quand je rentre... Ça ne marche pas à tous les coups mais on peut toujours essayer.

> Lorsque je fais des groupes afin d'apprendre l'assertivité aux adolescents, il y a toujours un enfant qui critique la façon dont ses parents lui demandent de ranger sa chambre. Je lui propose de jouer le rôle du parent et d'essayer d'obtenir l'envie de ranger leur chambre aux douze autres participants du groupe.
> En général, il commence de façon positive et souriante : « Mon chéri, cela me ferait plaisir que tu ranges ta chambre. » La réaction habituelle est un éclat de rire général de la part de l'assistance.
> La deuxième version : l'acteur a perdu son sourire et scande d'une manière ferme : « Cela me ferait vraiment plaisir que ta chambre soit rangée ! » Là, il y a deux ou trois adolescents qui disent accepter de le faire car ils sentent que c'est important de faire plaisir.
> Troisième version : « J'aimerais vraiment que ta chambre soit rangée et, tant que cela ne sera pas fait, il n'y aura pas de télévision. » Dans cette situation, sachez que depuis quinze ans que j'anime ces groupes, il y a toujours la moitié des jeunes qui accepte de ranger et l'autre qui ne le fait pas. La raison évoquée par les premiers est qu'ils le font parce qu'ils savent que la menace sera mise à exécution, les autres sont sûrs qu'elle ne sera pas réalisée.

Je sais que cet exemple est un peu déprimant pour les parents que nous sommes. Il nous fait comprendre que les jeunes réclament des limites et des sanctions et surtout que les menaces soient exécutées. On aimerait tellement ne pas avoir à le faire !

D'abord comprenez que tous les adolescents se ressemblent et qu'ils ont un certain poil dans la main lorsqu'il faut ranger. Donc ne personnalisez jamais la situation, ils ne le font pas pour vous « embêter », mais tout simplement parce qu'ils ont la flemme.

D'autre part, sachez que sous des dehors rebelles et autonomes, ils ont encore besoin de sentir que vous mettez des limites et que vous vous y tenez. Ils ne vous l'avoueront jamais, mais ils sont rassurés lorsque vous imposez des consignes comme l'heure de rentrée le soir. Ils tenteront de négocier, de vous provoquer, mais un non ferme et maintenu les soulage. Ils sentent que vous tenez toujours à eux et que vos consignes éducatives sont dictées par votre souci de leur bien-être. Bien sûr, ils vous diront que vous êtes trop anxieux, que vous ne leur faites pas confiance, que les parents de leurs copains sont plus cool, etc. L'expérience de mes groupes m'a fait comprendre qu'il faut tenir le cap et je dois dire que parfois, moi aussi, avec mon adolescente de fille, j'y pense très fort afin de ne pas craquer face à ses coups de boutoir.

Une autre forme de critique a le don d'énerver mes jeunes patients : le fait de commencer une phrase en donnant une série de compliments, puis d'ajouter un « mais ». Observez bien les commentaires sur les bulletins « il est gentil et intelligent mais… », vous verrez souvent ce type de phrase. Que doit-on croire : le début ou la fin de l'assertion ? En général, mes jeunes décrédibilisent la personne en disant qu'on ne comprend rien à ce qu'elle dit. Ils considèrent, à juste titre, que l'on doit faire ou un compliment ou une critique, mais pas les deux en même temps.

À quoi sert une critique ?

• *Elle doit avant tout améliorer la relation :* aussi paradoxal qu'il y paraisse, si l'on fait une critique à quelqu'un, c'est parce qu'on l'aime bien. Dans le rapport qui vous unit, vous souhaitez exprimer un mécontentement sur un mot, une action ou une situation qui vous dérange afin qu'ils n'interfèrent plus dans votre relation duelle.

• *La critique doit vous permettre d'exprimer vos émotions négatives :* pensez à l'exemple de la Cocotte-Minute. De nombreuses personnes n'osent pas émettre une critique de peur de faire du mal. Mais vos sentiments sont là et bouillonnent en vous. Si vous ne mettez pas de soupape à cette cocotte, vous prenez le risque d'exploser. Pour la dernière goutte de vapeur de trop, vous allez éclater et lancer à la figure de votre énergumène tout ce que vous avez jusque-là gardé pour vous. Et là, cette personne ne comprendra pas, elle a fait un tout petit impair et vous semblez avoir mille griefs. Elle vous prendra pour une personne soupe au lait, ne prêtera pas attention à vos reproches et vous vous penserez que vous aviez bien raison de ne rien dire car, lorsque vous éclatez, vous n'êtes pas entendu. Je vous propose de mettre une soupape à votre Cocotte-Minute en disant immédiatement ce qui vous dérange. L'émotion qui se dégage est moindre. Du coup, votre interlocuteur peut entendre ce qui vous gêne et éventuellement tenter d'y remédier.

• *La critique doit resserrer le lien affectif :* si vous voyez un changement chez l'impétrant, vous penserez immédiatement qu'il a tenté de faire un effort et, s'il l'a fait, c'est dans le but essentiel de vous faire plaisir. Vous êtes donc bien en lien émotionnel avec cette personne.

À quoi sert une critique

Pour le parent	Pour l'enfant
Dire qu'il y a un problème	Le savoir
Régler un problème	Entendre le moyen d'y remédier
Améliorer le lien affectif	Amélioration du lien affectif
Expliciter positivement ses besoins	Connaître les besoins du parent
Exprimer ses émotions négatives	Savoir que c'est important pour le parent
Éviter l'effet Cocotte-Minute sans soupape	Ne pas avoir un parent soupe au lait
Paraître plus juste	Mieux accepter les critiques

• Encore un point important : lorsque votre enfant a su mettre fin à votre désagrément, il est impératif que vous souligniez son effort par une remarque positive : « Je sais que cela t'embêtait de le faire, mais je suis très content(e) parce que j'y tenais beaucoup. » Oubliez de le faire et vous prenez le risque de ne plus être écoutés lors de votre prochaine critique. Vos interlocuteurs auront l'impression que vous êtes injustes puisque vous ne soulignez pas le changement intervenu pour vous faire plaisir.

C'est vrai que j'ai l'air de couper les cheveux en quatre. Dans l'absolu, il est normal que l'on cherche à vous contenter. Mais l'enfant n'est pas toujours dans l'implicite et il a besoin que vous soyez un bon estimateur de ses *copings*. Ce qui nous paraît évident n'est pas forcément compris par tout le monde.

Une jeune stagiaire de 17 ans m'expliquait que sa collègue la détestait. Elle me citait en exemple une situation ou entrant dans la salle de photocopie, elle l'avait trouvée en train d'en faire cinquante. Elle-même n'en avait qu'une à faire et elle s'était donc étonnée qu'elle ne lui ait pas cédé sa place.

Je lui ai demandé en quels termes elle avait dit à la jeune femme qu'elle n'avait qu'une page à photocopier. « Je suis entrée dans la pièce, j'ai dit bonjour en montrant ma feuille, ce n'était pas sorcier de voir que je n'en avais qu'une. »

Ma réponse l'a surprise car je n'avais pas la même vision des choses qu'elle : « Qu'est-ce qui me dit, lorsque je vois cette feuille que vous n'avez pas cinquante fois à la photocopier vous aussi. » Ma patiente n'y avait pas songé tant elle était centrée sur son raisonnement et n'a pas imaginé une seule seconde que l'on pouvait penser autrement.

Que retenir ?
L'art et la manière de communiquer

• Tout au long de son action en confiance, l'enfant puise ses ressources chez vous :

- Dans la qualité de vos liens affectifs et d'attachement.
- Dans votre regard de confiance.
- Dans votre assurance.
- Dans vos encouragements.
- Dans votre qualité d'estimateur de ses actes.

• Que ce soit un compliment ou une critique, les consignes sont les mêmes :

- Utilisez un « je », « me », « m' », « nous » qui vous implique et n'« agresse » pas votre interlocuteur.
- Exprimez vos émotions. Elles soulignent votre implication et, dans le cas de sentiments négatifs, évitent l'explosion de la Cocotte-Minute.
- Restez sincères. Ne mentez jamais sur vos compliments, même par politesse. Si votre enfant s'en rend compte, il ne considérera plus vos estimations comme valables.
- Vos remarques doivent porter sur un fait, un mot ou une action, jamais sur la personne.
- Évitez toute litanie ou énumération de plaintes et de reproches.

CHAPITRE 6

Lui faire découvrir les secrets de sa réussite

Autant que de valoriser, il est important de **faire récapituler à l'enfant les secrets de sa réussite**. Il faut qu'il vous raconte les stratégies qu'il a utilisées afin de réussir. Il constatera ainsi qu'il a su utiliser ses compétences et qu'il saura les réutiliser à l'avenir. Vous lui donnerez ainsi une fois de plus *confiance en lui*. En engageant de plus le futur.

Aidez-le à s'autoestimer

Dans le chapitre « Le valoriser et… le critiquer », j'ai essayé de vous montrer comment évaluer un enfant afin qu'il ait une bonne estimation sociale, mais aussi qu'il prenne modèle sur vos procédures lorsqu'il devra s'estimer lui-même. L'estimation de soi est un équilibre entre estime autonome et estime sociale.

On peut aider l'enfant à acquérir peu à peu cette estime autonome de lui-même. Le jeune apprend progressivement à s'estimer dans le regard de ses censeurs. Mais fermez les yeux et pensez au coup d'œil interrogatif qu'il vous jette lorsqu'il n'est pas sûr de lui. S'il prend l'habitude de voir l'efficacité de sa stratégie dans votre réaction, il sera perdu en classe lorsque vous ne serez plus là. Il est donc nécessaire d'apprendre rapidement à votre enfant à trouver les stratégies lui permettant de savoir, seul, s'il est dans l'erreur ou non. Un peu comme la preuve par neuf des multiplications. La principale difficulté pour vous sera de savoir contrôler vos émotions. Lorsque vous serez avec votre enfant pendant qu'il fait ses devoirs, qu'il fasse une erreur ou non, il vous faudra rester de marbre. Il vous demandera sûrement : « C'est ça ? » Et vous lui répondrez : « À ton avis ? À toi de me le dire. » Pour les adeptes de l'émission télévisée « Qui veut gagner des millions », je vous propose de vous transformer en Jean-Pierre Foucault : « Est-ce votre dernier mot ? », « Oui, c'est mon dernier mot Jean-Pierre. » J'ai l'air de plaisanter, mais pas du tout. Peu importe que votre enfant ait tort ou raison, il doit décider si sa stratégie était la bonne. À la différence des apprentissages scolaires, le vélo est plus simple en retour d'estime de soi : la mauvaise stratégie aboutit inexorablement à la chute et là le cycliste est obligé de revoir ses données. Dans le cadre d'un devoir, deux cas de figure peuvent se présenter :

• *L'enfant ne s'était pas trompé.* **Félicitez-le et surtout n'oubliez pas de lui demander comment il a pu être sûr de sa réponse.** Il énoncera ainsi sa stratégie de vérification qui, visiblement, est la bonne, et il faut insister sur ce fait.

• *Il s'était trompé.* Reprenez avec lui sa stratégie de vérification et essayez de trouver pourquoi et où elle s'est révélée inefficace. Vous pourrez alors lui en proposer une autre plus adaptée à la matière étudiée.

C'est, là encore, exactement comme l'apprentissage de la bicyclette. Lorsque votre enfant arrive à rouler, demandez-lui à quoi il a pensé et quels sont, selon lui, les points essentiels de sa réussite. S'il tombe, revoyez avec lui les points positifs et où se trouve l'erreur qui a entraîné la chute. Je me répète, mais je sais qu'avec le vélo vous faites cela naturellement : alors appliquez-le pour tous les apprentissages, y compris dans le domaine scolaire. C'est exactement la même chose. Il n'est pas plus efficace de hurler sur un enfant qui tombe de vélo que sur une dictée ratée. Oui, bien sûr, cela fait cent fois que vous lui expliquez, vous avez l'impression qu'il fait exprès de ne pas comprendre et vous perdez votre sang-froid. Mais, dans ces moments-là, essayez de vous imaginer en train de lui apprendre le vélo et essayez d'avoir l'attitude que vous auriez dans cette situation.

> Je donne tous les ans des dizaines de cours à des adultes. La plupart du temps, il faut que je répète plusieurs fois les mêmes choses, avant qu'elles soient entendues et comprises. Je suis parfois plus désespérée que vous car, travaillant avec des professionnels de santé, je m'attends à plus de vitesse de compréhension. J'oublie parfois que la mémoire a besoin de répétition pour engranger les connaissances et que, ensuite, elle doit être mise à l'épreuve de la pratique, afin que le savoir devienne plus constant et cela même avec des élèves qui ont souvent un niveau bac + 5, voire plus, alors imaginez votre élève de primaire ou votre collégien !

✔ ***Apprendre à l'enfant à s'estimer est aussi important que les apprentissages en eux-mêmes.***

Lorsque votre enfant sera dans le secondaire, chaque fois qu'il aura un contrôle, demandez-lui son estimation de sa future note. Cela l'obligera à détailler les parties qu'il pense avoir réussies, à faire le tri entre les compétences qu'il aura utilisées, à énoncer celles dans lesquelles il a confiance et celles pour lesquelles il a des doutes. Aidez-le à analyser sans intervenir ni tirer de conclusion. Au moment de la note, comparez-la avec ses pronostics. Il verra ainsi s'il avait raison d'avoir confiance ou de douter. Vous aurez contribué à son apprentissage de l'estime de soi. De son estimation autonome (son pronostic évalué à partir de ses compétences), de l'estimation sociale (les commentaires des professeurs) et de la comparaison des deux. C'est ainsi que petit à petit votre enfant apprendra à travailler pour lui, non pour vous faire plaisir à vous ou à ses professeurs. Il apprend à s'attribuer ses réussites et ses échecs. Il peut ainsi commencer à se faire plaisir en travaillant et à se fixer des objectifs qui lui sont propres.

Apprendre à apprendre

➤ *Stimuler la recherche de stratégies*

Apprendre à faire un exercice

Imaginons que votre élève ait un problème de mathématiques à résoudre. En général, afin de se débarrasser au plus vite des devoirs, il le lit à peine, se précipite sur son stylo, répond et attend que vous lui disiez si c'est juste ou non. Vous allez lui apprendre à ne pas toucher à son crayon avant de répondre à ces questions :

1. *« Peux-tu me dire ce que tu as retenu de l'énoncé du problème ? »*

Comme il n'aura pas tout retenu, il sera obligé de le relire, technique que l'on s'évertue à expliquer aux élèves, mais qu'ils n'utilisent que rarement. Là en lui montrant qu'une lecture trop rapide ne lui permet pas de résoudre le problème, il s'habituera à prendre le temps de bien mémoriser les données.

2. *« As-tu tout compris ? »*

   Pointez des termes qui sont fondamentaux à interpréter dans la résolution du problème. Vous seriez étonnés du nombre d'erreurs dues à un vocabulaire non compris.

3. *« Avant de te lancer dans les opérations peux-tu m'expliquer tout haut ton raisonnement ? »*

   Vous faites réfléchir avant d'agir. L'enfant mentalise et verbalise ses stratégies. Il réalise consciemment ce qu'il doit faire et imprime ainsi dans sa mémoire la tactique utile. **Même s'il se trompe, ne faites encore aucun commentaire. Laissez-le faire. L'épreuve de réalité de l'erreur est importante à affronter.**

4. *« Tu peux maintenant prendre ton crayon et faire ce que tu as décidé. »*

5. *« Ton résultat te paraît-il bon ? »*

6. *Si le résultat est faux :*

   Reprenez avec l'enfant chacune des stratégies précitées et aidez-le à trouver le moment où il y a eu une erreur. Une fois corrigée, passez à l'étape suivante.

7. *Si le résultat est celui espéré, faites alors récapituler les stratégies utilisées :*

   a. Relecture.
   b. Compréhension.
   c. Raisonnement antérieur à l'action.
   d. Opérations vérifiées.
   e. Rectification des erreurs trouvées.

8. *Dois-je vous rappeler qu'il faudra aussi le féliciter ?*

Un apprentissage doit se faire avec le concours actif de l'enfant. Vous devez l'accompagner et non faire à sa place. Souvent les parents me disent qu'ils font les devoirs afin que la maîtresse ne se fâche pas ou ne lui mette pas de mauvaise note. Prenez des risques ! Si votre enfant vous soutient mordicus que son résultat est bon et ne veut pas se remettre en question, attendez les commentaires du lendemain et demandez à l'enfant si maintenant il a compris son erreur et s'il peut vous l'expliquer. N'ajoutez pas un « je te l'avais bien dit » qui n'a aucun intérêt dans l'apprentissage.

Je reviens encore une fois sur le vélo ; lorsque l'enfant vous demande de le lâcher, vous avez parfois le sentiment qu'il n'est pas encore prêt et qu'il risque de tomber. Mais vous savez qu'il faut qu'il essaie et vous le laissez tout de même se lancer. Lorsque la chute survient, vous n'en rajoutez pas à son humiliation, en général vous lui dites que cela fait partie de l'apprentissage, qu'il va y arriver et vous insistez afin qu'il recommence en lui expliquant calmement son erreur.

✔ ***Avec cette méthode, vous autorisez l'enfant à faire ses propres erreurs et leur analyse lui permettra d'avancer dans sa compréhension de l'apprentissage en cours, qu'il s'agisse de la bicyclette, d'une matière intellectuelle, ou de ses relations sociales.***

Apprendre à s'autonomiser

Lorsque l'enfant apprend à faire du vélo, vous lui en expliquez les rudiments et il essaie d'en faire. S'il n'y arrive pas, vous allez reprendre automatiquement un des points de votre explication qui visiblement n'a pas été compris, insister dessus et lui faire recommencer l'exercice. Votre analyse intérieure de l'échec permettra certainement à l'enfant de faire mieux en suivant vos conseils. Toutefois, je voudrais qu'au lieu de lui donner le résultat de votre enquête silencieuse sur les raisons de son échec, vous fassiez votre analyse oralement avec lui. Vous allez lui poser plusieurs questions :

1. *« Peux-tu me dire ce que tu as retenu de mes explications ? »*

Vous allez ainsi voir ce que l'enfant a gardé en mémoire. Il arrive parfois que l'on ait donné trop d'informations d'un coup et que le jeune n'ait pas réussi à les retenir toutes. On les reprend et tant pis si cela vous paraît fastidieux. L'apprentissage passe par la répétition.

2. *« As-tu tout compris ? »*

Vous avez employé un vocabulaire nouveau : guidon, selle, pédales, chaîne, freins, pente, vitesse, équilibre... Assurez-vous que ces mots n'ont pas été ingurgités sans compréhension.

3. *« Dans ce que tu viens de faire, as-tu vu ce qui a bien marché ? »*

Faites récapituler les gestes qui ont été efficaces. Il est important de les souligner car, au tout début de l'apprentissage, les premiers essais se font un peu de manière involontaire. Une fois bien mémorisés, ils deviennent opérants, c'est-à-dire que l'enfant les exécute parce qu'il sait maintenant comment les faire et qu'il choisit *volontairement* de les utiliser.

4. *« As-tu vu ce qui n'a pas marché ? »*

Faire expliciter à l'enfant les raisons de sa difficulté est bien plus efficace en termes de connaissance que de lui donner un savoir tout fait. Toutefois, il se peut qu'il n'ait pas encore le savoir personnel. Attendez qu'il vous le dise. Ce temps va être consacré à une analyse personnelle : elle amène l'enfant à chercher des issues. Apprendre, c'est aussi mobiliser en permanence ses différentes connexions. Dans ce cas de figure, le non-savoir énoncé de l'enfant aura été fait suite à une enquête interne auprès de ses mémoires. Le risque chez les enfants est justement de ne pas faire de recherche personnelle, de se laisser porter par les réponses toutes faites des adultes. Une fois seuls, ils ne savent plus se « débrouiller » (autrement dit, explorer leur cerveau). Or **comprendre que l'on n'a pas la solution et *ensuite* aller la chercher auprès d'une personne compétente est aussi une stratégie efficace**.

5. *La nouvelle stratégie a été définie soit par l'enfant, soit par vos soins sur sa demande. Le jeune réitère donc son essai et les résultats sont à nouveau évalués comme ci-dessus.*

➤ *Utiliser des stratégies ludiques*

Tout peut être prétexte à apprentissage y compris le ludique. Point n'est besoin d'utiliser des cahiers qui suivent un programme. Le goût de l'effort peut aussi s'acquérir dans le plaisir de se concentrer en jouant avec ses parents. Outre le contexte affectif, les jeux stimulent les connexions cérébrales et rendent les apprentissages scolaires plus intéressants puisqu'ils autorisent l'enfant à atteindre des niveaux de communication différents en milieu familial.

Une autre façon de stimuler la recherche de stratégie est d'inverser les rôles. Avec des enfants de primaire, jouer le personnage de l'élève. Par exemple, pour une dictée préparée, des mots, une table de multiplication ou de la conjugaison, demandez à votre enfant de jouer au jeu de la maîtresse. Il consiste à ce que l'enfant vous dicte ou vous demande de donner le résultat d'une multiplication. La règle du jeu est que vous allez ou non faire des fautes et que l'enfant doit les trouver et vous noter en conséquence. Il a bien sûr gagné s'il trouve le bon nombre d'erreurs. Vous pouvez même faire celui qui ne comprend pas bien la leçon de géographie qu'il vient de vous expliquer comme un enseignant. Vous demanderez des précisions sur le vocabulaire ou sur une théorie. L'inversion des rôles amène l'enfant à découvrir un point de vue différent et à utiliser les mêmes stratégies que vous lorsque vous le faites travailler, ce qui le conduit à les mentaliser dans un contexte affectif ludique avec son parent.

Le jeu de la récitation est aussi prisé. Quoi qu'il vous récite, prévenez que vous allez avoir l'attitude de ses camarades de classe : rigoler, parler, faire tomber un crayon... En toutes circonstances, il doit aller au bout de son énoncé sans se laisser perturber. S'il se trompe c'est vous qui avez le point et il doit recommencer, vous stimulez ainsi la mémoire de travail sans qu'il trouve cela fastidieux de répéter.

Enfin, utilisez les jeux de société. Le Memory ou le Master mind stimulent l'attention, capteur essentiel de la mémoire de travail. Les petits qui commencent les mathématiques aiment la bataille ou faire le banquier au Monopoly. Les jeux de stratégie comme Othello, les dames ou les échecs obligent à mobiliser les connaissances et à anticiper. Ces derniers sont souvent trop longs en mobilisation des capacités de concentration d'un enfant. On peut proposer un temps limité de jeu où l'enfant doit être attentif, puis on laisse la partie en l'état et on la poursuit le lendemain.

Le sudoku, très à la mode, utilise aussi les capacités d'attention et de stratégie.

Dans tous les cas de figure, restez dans le mode ludique et affectif agréable. Si votre enfant est « mauvais joueur », cela reflète souvent un manque de confiance et un refus de se retrouver en échec, sachez valoriser la capacité de perdre et de comprendre les raisons du déboire. Vous êtes dans le même contexte que l'apprentissage du vélo, et vous saurez très facilement le faire.

➤ *Laissez-le rêver*

Laissez aussi du temps à vos enfants pour la création et l'imagination. Jouer avec des personnages de toute sorte, dessiner, inventer, créer sont aussi nécessaires à la connaissance. Cela permet à l'enfant de dominer les sujets et de les détourner en fonction de sa personnalité. C'est exactement ce qui leur est demandé dans une rédaction ou une synthèse.

Les notes : encourager et analyser

Je vais vous apprendre un truc incroyable : je voudrais que vous passiez plus de temps à évaluer les réussites que les échecs. Exactement le contraire de ce que tout le monde, (y compris l'école) fait. En réalité, vous avez cette attitude de manière innée : avez-vous passé plus de temps à parler des premiers pas, des premiers tours de vélo ou des chutes ? Vous voyez où je veux en venir ? Voilà, je voudrais que vous repreniez la même technique dans le domaine des apprentissages.

Lorsque votre enfant vous annonce fièrement ses bons résultats, félicitez-le et n'oubliez pas de lui demander comment il y est arrivé.

Vous allez fabriquer avec lui ce que j'appelle le « cahier de la réussite ». La récitation par exemple : faites-lui remarquer tout ce qui l'a aidé à réussir. Il l'a apprise. Sa mémorisation était facilitée parce qu'il en a compris tous les mots, il l'a revue plusieurs fois ; si elle était longue : il l'a apprise en plusieurs étapes…

✔ *Le cahier de la réussite : matière par matière, établissez une fiche des stratégies utiles pour mener à bien ses apprentissages.*

Allez, j'insiste une dernière fois, une mauvaise note équivaut à une chute de vélo, aussi réagissez de la même manière. Ne vous fâchez pas et n'assenez pas une cause toute faite à l'erreur. Votre colère inquiétera l'enfant sur votre soutien lorsqu'il sera en échec. Je vous rappelle que pour agir en confiance, le jeune a besoin de se rassurer sur le fait que s'il se trompe, le lien affectif avec son entourage ne sera pas abîmé. De plus, assener des réponses toutes faites n'apprend pas à un enfant à apprendre ; il faut que lui comprenne son erreur, pas vous !

Je vous propose donc de reprendre la fiche de la matière concernée et de comparer les stratégies de la réussite en général avec celles utilisées lors du devoir raté. Soit l'une des tactiques n'a pas été utilisée, on insiste donc à nouveau sur son utilité. Soit la stratégie n'avait pas été évoquée car non encore apprise jusque-là. Il s'agit, par exemple, d'un travail sur document, d'apprendre à faire une synthèse, un exposé, une dissertation… Vous allez aider votre enfant à aborder cette nouvelle technique.

Si malgré votre soutien moral et votre neutralité bienveillante votre enfant s'obstine à ne pas utiliser une technique qui lui fait visiblement défaut et que vous lui avez maintes fois expliquée, vous êtes bien sûr autorisés à devenir plus véhéments et critiques en insistant sur le fait qu'il doit maintenant impérativement l'utiliser.

Un petit aparté qui s'avère important

Devant des difficultés d'apprentissage de la lecture, de l'orthographe ou des mathématiques, avant de penser que votre enfant est stupide, ou qu'il le fait exprès, faites faire un bilan orthophonique.

> « Docteur, je ne comprends pas, mon fils se moque de nous. Je lui fais réciter ses leçons et le lendemain il a 3 à sa dictée préparée. J'ai été convoquée par la maîtresse qui me reproche de ne pas le faire assez travailler. J'ai vraiment l'impression qu'il le fait exprès et qu'en classe il rêvasse et ne fait rien. Je passe pour une mère indigne alors que je passe toutes mes soirées à travailler avec lui.
> — Quelles sont ses difficultés ?
> — En français surtout.
> — Et les mathématiques ?
> — Les opérations ça va mais alors en problème, c'est du n'importe quoi. »

Ce dialogue, très fréquent dans mon bureau, m'amène à penser au diagnostic de dyslexie souvent accompagné de dysorthographie. Ces troubles du langage se rencontrent chez 10 % des élèves. Ils ont de multiples facettes, mais il faut que vous en reteniez deux afin de voir si votre enfant n'en souffre pas.

• Lorsque des jeunes ont des problèmes de lecture, tout ce qu'ils apprennent en lisant un texte ne s'imprime pas bien dans leur mémoire à long terme. Aussi, ils apparaissent capables sur le moment de vous réciter parfaitement la leçon, mais, le lendemain, les données n'ayant pas été engrangées correctement font défaut malgré tout.

• Les mathématiques sont aussi probantes, le calcul et les opérations ne posent pas de difficultés, mais, avant de résoudre un problème, il faut le lire. Les enfants souffrant de dyslexie peuvent parfois déchiffrer correctement, mais encore faut-il que la mémoire lexicale comprenne ce qui vient d'être lu. Décrypter un texte ne veut pas dire le comprendre. Aussi, le raisonnement s'en trouve altéré.

• Vous pouvez faire un test. Lors d'une leçon à retenir, faites-la apprendre en lisant le texte et faites répéter à votre enfant ce qu'il a entendu, la mémoire auditive étant plus fonctionnelle que la mémoire lexicale, vous verrez que le devoir sera correctement récité le lendemain. Lors d'un problème, lisez l'énoncé, là encore vous observerez une bien meilleure compréhension des données et un raisonnement tout à fait adapté.

• Enfin, faites faire une évaluation orthophonique et probablement une rééducation.

Que retenir ?
Apprendre autrement

• Apprendre, c'est tester des stratégies, les confronter à l'épreuve de réalité et les estimer ensuite.
• Être un parent pédagogue, ce n'est pas être un maître ou une maîtresse d'école, c'est accompagner votre enfant dans son raisonnement, non imposer le vôtre, même s'il est plus adapté. C'est aussi encourager les expériences et la réflexion enfantine et ne pas fustiger les erreurs. C'est être un soutien affectif et une référence que l'enfant saura utiliser en cas de besoin.
• Vous aurez certainement l'impression que votre démarche demande beaucoup de temps et de patience. Je suis d'accord. Toutefois, calculez les heures passées à vous énerver face à un enfant qui se fige dans l'angoisse de vous décevoir ou se met en colère et bloque son raisonnement. Je vous propose une alternative : le même temps passé, mais dans un climat de confiance et avec une technique qui fera ses preuves. Habitué tôt à utiliser ses stratégies et à les mémoriser, l'enfant le fait de plus en plus automatiquement, et le temps de travail et de vérification s'amenuise progressivement. Vous aurez la fierté d'avoir su lui apprendre à apprendre et lui de vous montrer ses compétences. Il gardera confiance en lui et en vous. Confiance qui, je vous le rappelle, est l'énergétique de la connaissance.

CHAPITRE 7

Le stimuler… sans lui mettre la pression

Cet apprentissage ne s'est pas fait en un jour. Combien de fois l'avez-vous mis, vous, ou son père, sur son vélo, combien de fois avez-vous poussé, couru et soufflé en tenant le porte-bagages ? Vous avez continué ainsi (essoufflée) jusqu'à ce qu'il vous dise de lâcher. Lors de son essor solitaire, vous avez continué à **le stimuler sans lui mettre la pression.** Autrement dit, vous lui avez donné l'envie de continuer, sans lui demander de réussir le tour de France.

Quoi qu'il fasse, soutenez-le

➤ *Stimuler sans mettre la pression*

Dans le domaine des apprentissages scolaires, deux mondes complètement différents doivent trouver un accord diplomatique. D'un côté, les parents, qui s'inquiètent pour l'avenir et le bien-être futurs de leurs enfants ; de l'autre des petits êtres, il faut l'avouer, un peu égocentriques et soucieux principalement de leurs petits plaisirs au quotidien.

Il va donc falloir trouver les moyens de stimuler l'effort tout en se gardant de mettre la pression dont les effets sont plus néfastes que bénéfiques. Voyons dans le tableau ci-dessous ce qui différencie ces deux stratégies.

Stimuler	Mettre la pression
Établir avec l'enfant un aménagement du temps	Stresser par un *timing* non adapté au rythme de l'enfant
Inciter avec conviction à l'activité	Imposer
Donner envie de faire	Ne pas donner d'explication
Motiver	Ne pas donner de raison justifiant l'activité
Encourager	Ne pointer que les erreurs
Ne pas céder sur le bien-fondé de l'activité	Abandonner
Tolérer les échecs	Être intolérant à l'échec
Montrer sa confiance	Montrer sa déception
Rester patient	S'énerver
Passer outre ses inquiétudes	S'angoisser pour l'avenir

Essayez d'être objectif et de voir quelles sont les attitudes ou stratégies que vous utilisez le plus. Variez les situations d'apprentissage. L'« enseignant » que vous êtes met probablement un peu trop la pression, l'« entraîneur sportif » pour le vélo est plutôt stimulant.

Mais il faut reconnaître que la frontière est ténue entre ces deux méthodes.

➤ *Mettre la pression : si nécessaire seulement*

La punition

Imposer les apprentissages et les consignes en menaçant de conséquences négatives, punir s'ils ne sont pas faits, c'est la bonne vieille technique du « bâton ». Elle a ses avantages. On l'a vu avec les adolescents du groupe d'affirmation de soi et le jeu de rôle sur la consigne « range ta chambre ». Ils rangent visiblement plus volontiers leur chambre s'ils savent qu'ils risquent une punition et qu'elle sera appliquée. Mais la punition peut aussi se révéler dangereuse. Si cette technique est trop systématique, elle risque de retentir sur votre lien affectif avec votre enfant. Les devoirs devenus un moment de conflit seront faits avec dégoût, et il est probable que l'enfant rejette petit à petit tout ce qui touche à l'école. Or il faut qu'il garde l'envie d'apprendre durant une quinzaine d'années. De plus, la crainte de votre courroux et de votre déception inquiétera l'enfant sur son soutien parental et par conséquent entamera sa confiance en lui. Cette technique doit donc être utilisée avec parcimonie et uniquement lorsqu'elle s'avère nécessaire.

Les menaces

Toute menace évoquant un futur dangereux est à proscrire. On doit se laver les dents comme il faut dormir et manger parce que le corps en a besoin et que c'est la règle. Mais menacer que, sinon, il y aura des caries et que l'on devra aller chez le dentiste, outre que vous ne faciliterez pas la future relation avec ce professionnel, c'est faire croire que tout est dangereux. Si tu ne travailles pas, tu ne réussiras pas dans la vie, phrase rapidement dite, qui a comme conséquence que de plus en plus d'enfants de maternelle s'inquiètent sur leur future vie d'adulte et envisagent avec inquiétude la scolarité.

Alors cherchez à inciter plutôt que de menacer, en montrant les avantages de telle ou telle situation au quotidien. Je vous rappelle que les enfants sont dans l'instantané.

➤ *Les enfants évoluent, soyez patients*

Le quotidien confronte les enfants à des apprentissages dont vous n'imaginez même pas la teneur. Rappelez-vous ce que nous avons vu dans les chapitres 1 et 2 : les enfants sont de fabuleux testeurs de nouvelles connaissances. Mais ils le font à un rythme qui leur est propre et peuvent parfois stagner dans un domaine. N'envisagez pas alors le pire à long terme.

En cas d'échec, revenez avec votre enfant à l'étape antérieure, celle qu'il avait réussie et revoyez avec lui les stratégies qu'il avait su mettre en place afin d'y arriver. Une fois que vous le sentirez à nouveau en confiance, aidez-le à passer le cap suivant, peu importe s'il le fait plus tard que les autres enfants, l'important est qu'il y arrive et qu'il voie dans vos yeux que vous y croyez. Imaginez qu'il vienne vous demander de lâcher le vélo et qu'il tombe. Si vous vous angoissez et pensez qu'il n'y arrivera jamais, je vous garantis qu'il refusera de remonter sur l'engin. Par contre, si vous le consolez, puis reprenez à l'étape où vous le teniez, il tentera à nouveau le lâcher seul.

✔ *Évitez le catalogage sur le long terme : si aujourd'hui un enfant ne peut ou ne sait pas, qui vous dit qu'il ne le fera jamais ? Mon métier me prouve le contraire tous les jours.*

Les parents qui consultent passent outre leur anxiété et viennent demander de l'aide pour mieux comprendre les difficultés de leur enfant. L'analyse de l'histoire familiale me permet de pointer les éléments de dérapage. J'admire régulièrement le travail que font ces parents sur eux-mêmes. Ils acceptent de remettre en question certaines de leurs croyances et je sais combien cela peut être difficile. Nous repartons ensemble au temps T, lorsqu'il n'y avait pas de difficulté, et nous reprenons le cours de l'évolution de l'enfant en y modifiant certaines données. Nous avons des résultats tangibles assez rapidement. Une des raisons de cette efficacité est la plasticité enfantine. La personnalité de l'enfant est en cours de développement et peut à tout moment prendre une autre direction. Le temps aidant, les difficultés ne sont pas encore chronicisées et peuvent se lever. À condition de s'en donner les moyens et la psychothérapie en est un.

Chaque fois que je prends en charge un patient, je ne peux préjuger de la vitesse de changement ou de l'efficacité de la thérapie. Mais je sais que les enfants se donnent les moyens de leur amélioration et ma confiance en eux les stimule à aller au-devant de leurs difficultés et de les affronter.

Emma a été une de mes patientes les plus difficiles. Elle a développé une phobie scolaire en classe de 5e et n'a repris une scolarité régulière qu'en 3e. Un jour, elle arrive furieuse en consultation me déclarant que plus jamais elle ne mettrait les pieds en classe. Il nous aura fallu deux ans avec sa famille pour la remettre à l'école et voilà qu'elle refuse d'y retourner ! Je dois vous dire que, même moi, je dois avoir une confiance absolue dans les possibilités de changement de mes patients, pour ne pas me laisser démoraliser.

La raison de sa colère était un commentaire sur son devoir : « Vous êtes nulle en maths. »
J'ai dû accepter un compromis avec Emma : avant de quitter l'école, elle devait s'expliquer avec son professeur. La jeune fille a eu ce courage et son enseignante assez de finesse psychologique pour se rendre compte de l'effet désastreux de son annotation. Elles ont décidé de se voir en dehors des cours afin de remettre Emma à niveau en maths et cela gratuitement.
J'admire encore cette jeune fille qui m'a décrit ensuite combien elle avait craint de rencontrer son professeur et ce n'est que pour respecter notre accord qu'elle s'y était contrainte. Aujourd'hui, elle est institutrice en école primaire et très appréciée de ses élèves. Elle vient de temps à autre me voir afin que je l'aide à être diplomate avec certains parents difficiles.

En pratique : comment stimuler au quotidien

➤ *Inciter : que dire ? que faire ?*

Certaines consignes ne souffrent pas la contradiction. Les devoirs, le rangement, l'aide à la vie familiale, le respect des autres, le bien-être physique et l'implication scolaire. Il faut le plus rapidement possible amener l'enfant à comprendre que toutes ces tâches sont obligatoires comme de mettre un pull en hiver parce qu'il fait froid. Dans le cas du vélo, une fois que votre enfant saura en faire, il devra respecter le code de la route, pas seulement parce qu'il risque un accident ou de se faire verbaliser mais aussi dans le respect de la loi et des autres. On ne demande pas aux enfants de comprendre pourquoi 5×5 font 25. C'est une loi mathématique, un point c'est tout.

Aussi la différence est minime entre inciter et imposer par la crainte.

• *Les devoirs :* « Ils sont utiles à l'apprentissage, tu seras fier de tes réussites et nous aussi. Ils nous permettront de faire des jeux ensembles que tu ne pouvais pas faire avant. » Énoncez les multiples activités auxquelles il aura accès grâce à ses nouvelles connaissances.

• *Le rangement :* faites constater combien il est agréable d'entrer dans un lit fait, de retrouver toutes les pièces d'un jeu, d'avoir des vêtements qui sentent le frais...

• *L'aide à la vie familiale :* montrez votre plaisir dans l'échange de bons procédés. Insistez sur ce que vous faites à la maison pour faire plaisir aux autres et sur le fait que vous aurez encore plus envie de le faire si vous êtes aidés dans d'autres domaines. Vous aurez ainsi plus de temps pour le ludique et serez moins énervés. Vous pouvez aussi expliquer que, lorsqu'un enfant prête ses jeux à un camarade, ce dernier aura aussi envie de le faire, et l'amitié s'en trouve renforcée. Il s'agit du respect des autres au même titre que le respect des différents protagonistes de la famille.

• *Montrez-leur tout ce à quoi ils ont accès grâce à votre travail :* vacances, loisirs, télé, jeux vidéo... et expliquez que vous avez pu le faire grâce à vos apprentissages. Racontez combien il est important de pouvoir faire un travail plaisant parce que vos notes en classe vous ont permis de choisir la filière désirée. Pour les parents qui n'ont pas eu cette chance, ne leur transmettez pas votre déconvenue. Vos enfants croiront que vous avez un sous-métier, ce qui est faux puisque, grâce à votre courage, ils ont, eux, une vie agréable. Dites-leur plutôt que de pouvoir faire des études ouvre l'accès à un champ plus vaste de métiers et que vous êtes heureux de leur donner cette opportunité.

• Enfin, rappelez-leur combien il leur est apparu difficile de s'entraîner à apprendre le vélo, la natation ou autre mais que, aujourd'hui, ils ont *le plaisir et la fierté de savoir le faire.*

➤ *Aménager le temps des devoirs*

Les devoirs, comme leur nom l'indique, sont obligatoires, et l'enfant doit sentir que vous ne céderez pas sur ce point. Toutefois, il doit comprendre qu'il s'agit d'une obligation, comme dormir ou manger, mais qu'il n'y a ni violence ni anxiété dans votre esprit. Le lieu, le *timing* et l'organisation de cette tâche doivent être préparés en fonction des disponibilités logistiques et psychologiques de chacun.

La séquence école-goûter-devoirs est souvent en contradiction avec les besoins physiques et de concentration d'un jeune. Après six heures de cours, où il a été demandé discipline, écoute et attention soutenue, il est indispensable d'évacuer le stress.

✔ **Essayez, surtout avec un enfant tonique, d'organiser un espace-temps de défoulement corporel.**

Une heure de récréation par jour est souvent insuffisante pour un élève qui a dû rester assis sans bouger. Le square, les coups dans un ballon dans un jardin, le punching-ball dans la chambre sont de bons défouloirs de la tonicité musculaire. En sueur et bien détendu, la douche paraît indispensable. Ces moments de détente sont nécessaires à la gestion mentale du stress. Ils permettront de libérer l'espace cognitif et la mémoire de travail nécessités par l'apprentissage des leçons.

D'autre part, vous rentrez vous aussi souvent stressés par votre journée de votre travail et votre état de tension est communicatif. Plus votre journée aura été mauvaise, plus vous anticipez négativement la séance de devoirs, et vos enfants sauront qu'ils ont à craindre la Cocotte-Minute prête à exploser à la moindre de leurs erreurs. Alors vous aussi défoulez-vous : bain, yoga, punching-ball avec la photo de votre patron, permettront de libérer vos frustrations quotidiennes. Ils vous serviront de sas dans lequel le salarié stressé se décontaminera pour faire place au parent sensible que vous êtes.

Si vous pensez que vous perdez ainsi du temps, sachez que votre enfant défoulé physiquement sera plus attentif et concentré. La chaleur affective de votre présence chassera ses craintes de vous décevoir. Cet espace cognitif libéré, la mémoire de travail peut fonctionner à plein régime et le temps des devoirs se trouve ainsi considérablement raccourci, efficace sans perte de temps ou d'énergie en conflit.

Pour le reste de vos activités : ménage, repas… Impliquez tout le monde. La vie de famille est un échange de bons procédés au même titre que les relations sociales. Cessez d'être la superwoman, ou le superman, qui assure le quotidien de tout le monde car vous voulez privilégier le repos de votre futur polytechnicien ! L'esprit d'équipe et le respect des autres font partie intégrante des critères de sélection lors des entretiens d'embauche, alors donnez de bonnes habitudes à votre couvée, ils vivent dans une société familiale où chacun a un rôle dans le groupe. Vous sentir épaulés diminuera votre anxiété et votre sentiment, difficile à supporter pour les autres, de vous sacrifier.

Pour les adolescents, les conseils précédents sont valables, mais des aménagements sont à faire.

Au collège, les jeunes doivent parfois rester huit heures sans broncher, à l'écoute, enchaîner interrogation écrite et nouvelle leçon de maths sans temps de pause. De plus, puberté oblige, les hormones les rendent impulsifs, irritables et agités. Ces soirs-là, il est impossible intellectuellement de leur demander de se concentrer sur une tâche difficile. Ils seront tout au plus capables de réviser tranquillement une leçon apprise antérieurement.

Je vous propose d'aider votre enfant le week-end à programmer ses devoirs en tenant compte des impératifs d'horaires et de la capacité de concentration qui en découle. Insistez sur les temps de détente. Je vous parais paradoxale, mais tout sportif a besoin de temps de décontraction avant les compétitions importantes. Cela s'appelle la gestion du stress. Le défoulement ou la récupération physique sont à privilégier, mais il est vrai que vos adolescents vous l'expliqueront bien : **regarder sans voir et sans réfléchir une débilité télévisuelle permet aussi de faire un break cognitif**. Négociez alors un temps télévisuel limité, sans grignotage (souvent fréquent et calmant aussi le stress, mais avec des conséquences physiques non négligeables), en échange d'un goûter assis, d'une méthode de défoulement suivi d'une douche et d'un commencement de devoir.

Si vous y engagez votre enfant dès la 6e, lors de l'entrée au lycée ces comportements se perpétueront naturellement.

➤ *Stimuler au quotidien*

Un avenir lointain...

Pourquoi les enfants ont-ils besoin de stimulation ? Parce qu'un de nos objectifs de parents, et un des objectifs de ce livre, est d'aider nos enfants dans leurs apprentissages. Or, en ce qui concerne leurs études, cela signifie concrètement que nous devons encourager nos écoliers à poursuivre leurs efforts sur une quinzaine d'années, sans s'essouffler. Nous adultes savons que c'est le « prix à payer » pour avoir la possibilité d'exercer un métier intéressant et rémunérateur. Mais, pour un enfant, ce futur est à des années-lumière. Rappelez-vous, quand vous aviez dix ans, les trentenaires vous semblaient être des dinosaures. Vous aviez l'impression que, d'ici à vingt ans, le monde ressemblerait à celui représenté dans les films de science-fiction. Vos préoccupations étaient centrées sur le plaisir immédiat de votre quotidien. Toutes les consignes vous paraissaient barbantes et ineptes.

Les jeunes aujourd'hui sont plus encore dans ce principe de plaisir. Ils vivent dans un monde dont l'ouverture se fait par un simple clic. Les données ont changé. L'orthographe, par exemple, semble dépassée. Sur les SMS, c'est le langage texto qui est reconnu. Quand les logiciels sont capables de presque tout corriger, pourquoi s'astreindre à apprendre des conjugaisons et des leçons de grammaire fastidieuses ? Tout ce qui s'apprend à l'école semble aux yeux de nos élèves en décalage complet avec leur vie de tous les jours. D'ailleurs, ils n'évoquent plus des vocations de pompier ou de maîtresse, mais parlent de paillettes médiatiques, de stars de la chanson ou de footballeurs, de métiers grâce auxquels ils pensent gagner beaucoup en travaillant un minimum. Ne croyez pas qu'ils soient convaincus que c'est possible, mais un jeune imagine au départ que tout peut s'obtenir sans le moindre effort. Dans nos sociétés modernes, l'enfant est désiré et les parents essaient de lui donner le maximum afin qu'il soit heureux. La chambre regorge de cadeaux et gadgets en tout genre ; les mères continuent à décharger au maximum leurs enfants des corvées du quotidien afin que les chers anges aient du temps pour eux. L'argent de poche est un dû tout comme le téléphone portable ou l'ordinateur. Alors pourquoi voudriez-vous que l'enfant se décarcasse ? Pour un avenir si lointain qu'il n'entrevoit même pas ? Pour obtenir des avantages en nature dont il est abreuvé ?

Loin de moi l'idée de vous dire que vous avez tort de les gâter, c'est notre bonheur et notre rôle de parent. Mais, comme nos enfants le sont bien souvent depuis la naissance, ils pensent que ces avantages sont un dû et qu'ils les auront toujours. Leur cocon familial représente la vie quotidienne. Les cadeaux tombent à Noël ou aux anniversaires, l'argent est pratiquement à la demande et pourquoi n'auraient-ils pas de portable puisque tous leurs copains en ont ?

Dans ce contexte, les consignes sont de plus en plus critiquées par vos enfants et cela dès le plus jeune âge. Pourquoi s'astreindre à quelque chose de déplaisant, fastidieux et sans rentabilité immédiate en termes de plaisir enfantin ? Parce que vous allez les disputer ou les punir ? Vos cris et récriminations, ils s'y habituent d'autant, et heureusement, que vous limitez vos sanctions. Ils courbent le dos quelque temps et attendent que « ça passe ». En plus, le rôle de parent imposant ses lois, ce n'est pas ce que vous aviez imaginé comme méthode éducative.

Pour que l'enfant puisse prendre conscience des données de cet avenir lointain, il faut une technique qui adapte nos messages d'adultes au quotidien des enfants.

Je propose souvent aux familles un jeu permettant aux parents de stimuler l'accomplissement des consignes quotidiennes.

Vous allez fabriquer, avec l'enfant, un tableau semainier où figurent une série de consignes qui doivent être réalisées.

	Lundi	**Mardi**	**Mercredi**	**Jeudi**	**Vendredi**	**Samedi**	**Dimanche**
Faire son lit							
Se mettre à ses devoirs de 17 à 18 heures							
Faire répéter les demandes trois fois maximum							
Préparer son cartable le soir							
Se laver les dents							
Téléphoner moins de dix minutes							
Divers							
Total							

Les consignes proposées ci-dessus sont données à titre d'exemple, mais à vous de trouver celles qui vous sembleront les plus adaptées à vos enfants.

Si votre enfant n'est pas en âge de lire, vous pouvez dessiner ou coller des images correspondant au comportement que vous souhaitez stimuler.

➤ *Lorsque votre enfant applique la consigne*

Mettez un point bleu (ou collez une gommette, ou donnez un jeton bleu) en manifestant votre plaisir. Je vous rappelle qu'un compliment améliore le lien affectif, renvoie une estime de soi sociale positive qui va renforcer la confiance en soi de l'enfant.

Vous allez aussi insister sur la stratégie que l'enfant a utilisée afin d'appliquer la consigne. Ce « comment y es-tu arrivé ? » rejoint le questionnement qu'il est aussi important de faire lors des apprentissages cognitifs. L'obligation qui vous est faite de remplir le tableau vous aidera à ne pas oublier de stimuler un enfant qui n'a pas encore acquis de manière automatique les nécessités de la vie quotidienne. De plus, il aura le plaisir de constater que lorsqu'il fait des efforts vous le voyez et le valorisez.

Vous pouvez ajouter des points bleus (dans la rubrique Divers) lorsque votre enfant fait quelque chose d'inhabituel et qui vous fait plaisir : bonne note en classe, service rendu spontanément, se retenir de faire une colère... Je vous demande de vous transformer en « chasseurs de points bleus » afin de détourner votre attention au profit de ce que vous pouvez stimuler, valoriser, encourager sans céder sur le bien-fondé de la consigne.

Parallèlement vous allez préparer avec votre enfant un tableau de « plaisir » ou vous allez mettre **tout** ce qu'il aime faire au quotidien. J'insiste sur le « tout » : la télé, l'ordinateur ou jeu vidéo, les sorties, le pain au chocolat du goûter, l'argent de poche... Rappelez-vous la discordance d'espace-temps qu'il y a entre vous et vos enfants. Vous êtes dans une optique d'avenir, il est dans l'immédiateté. Vous lui avez aussi expliqué que votre travail et vos services rendus lui permettent d'avoir une vie agréable et que vous lui demandez un échange de bons procédés alors que l'égocentrique qu'il est pense que tout lui est dû. À partir du moment où le tableau se met en place, **l'enfant pourra accéder à ses plaisirs quotidiens uniquement en échange**

de points bleus. Autrement dit vous allez lui faire comprendre vos principes de vie en utilisant les siens : les consignes respectées donnent un budget en points bleus que l'enfant utilise à sa guise pour ses loisirs. Je sais que parfois cette technique choque. Mais soyons réalistes, votre travail mérite salaire et une partie est consacrée à vos plaisirs. Si je le traduis en langage enfantin, les consignes respectées vont permettre d'accéder à un quotidien agréable.

Sachez qu'en termes d'apprentissage ce ne sont pas les plaisirs matériels qui auront une efficacité sur le long terme, **c'est avant tout l'expression de vos compliments** qui seront le vrai moteur de l'application des consignes de manière automatique. Lorsque votre enfant a fait la première fois dans le pot, vous avez exulté, l'avez félicité, valorisé, peut-être même avez-vous donné un petit cadeau, aujourd'hui qu'il va régulièrement aux toilettes, vous n'avez plus besoin de le faire. Votre instruction est acquise et le restera.

Revenons à la liste des plaisirs, donnez-vous une petite semaine pour la réaliser. Chaque fois que votre enfant vous demandera quelque chose de plaisant pour lui, donnez votre accord de principe mais fixez le prix en points bleus. Ce barème va là encore vous permettre de transmettre vos principes éducatifs. Par exemple l'heure de télé après les devoirs faits est nettement moins chère que celle d'avant la fin du travail scolaire. Si vous souhaitez que votre petit ne regarde plus les dessins animés le matin faites-les bien plus onéreux que ceux de l'après midi. Si vous trouvez que votre enfant est trop attaché au virtuel, fixez une durée limitée répartie sur la semaine, le dépassement de temps sera exorbitant en terme de points bleus.

Depuis des années que j'utilise ce tableau, je constate que les enfants comprennent très vite que plus ils ont de points plus ils peuvent faire de choses. Que s'ils les dépensent bêtement, ils n'ont plus accès à d'autres plaisirs : pour nous adultes, cela s'appelle « gérer un budget ». Si vous saviez le nombre de mes patients qui apprennent tout d'un coup bien mieux les mathématiques !

En plus, cerise sur le gâteau, vous ne passez plus pour des casse-pieds. Si l'enfant ne peut faire une activité, ce n'est pas parce que vous l'avez supprimée mais parce que lui ne s'est pas donné les moyens de pouvoir la faire. Vous lui expliquerez que vous aussi parfois vous aimeriez vous acheter plus de choses, mais que votre budget financier ne vous permet pas forcément de le faire. Or votre enfant, lui, a un budget presque illimité puisque 7 consignes lui sont demandées chaque jour, plus tous les extra qui peuvent s'inclure dans la rubrique Divers.

Enfin, l'enfant aura la joie de se dire que ses plaisirs, il les a mérités. Cela est un bon renforçateur de l'estime de soi et de la confiance en soi. Se dire que l'on s'est donné les moyens de ses plaisirs est valorisant. C'est ce que ressent le vélocypédiste lors de ses premiers tours de roues : « J'y suis arrivé ! »

➤ *La consigne n'est pas appliquée*

Demandez à votre enfant pourquoi ? Trois écueils existent souvent :

- *Votre consigne est trop vague.* Votre demande doit être extrêmement précise. Il faut que tout le monde ait la même interprétation. Un lit est fait ou non ; il est 17 heures.
- *La consigne n'est pas adaptée à l'âge de l'enfant.* Vous lui demandez par exemple de se mettre à ses devoirs à 17 heures mais il ne sait pas encore lire l'heure.

• Vous avez mis la barre trop haute. Votre enfant n'a jamais rangé quoi que ce soit, et vous lui demandez de ranger sa chambre tous les jours. Faites les choses par étapes. Une semaine, vous exigez que le lit soit fait. La semaine suivante, pour obtenir le même point bleu, il faudra faire son lit et ranger ses affaires. Ce qui suppose que vous fassiez évoluer le tableau de manière hebdomadaire en augmentant progressivement la difficulté de la consigne.

Si votre récalcitrant ne vous donne aucune explication, car il ne veut tout simplement pas respecter votre consigne, ne vous fâchez pas. Maintenez-la et même axez toutes les demandes du tableau sur le même type de consigne. Il arrive parfois que l'enfant décide de faire « grève » afin de voir votre réaction. Ne rentrez pas dans la provocation. Attendez ses demandes de plaisirs et accédez à celles-ci en échange des points uniquement. L'opposant en ayant peu, vous serez désolés pour lui mais vous ne pourrez lui donner ce qu'il demande. Le « gréviste » se retrouve donc confronté à lui-même, il s'est frustré et il ne peut accuser ses parents. Vous lui expliquez ainsi implicitement que c'est lui qui donne les clefs de la réussite. Vous l'avez peut-être aidé à apprendre à faire du vélo, mais c'est parce qu'il a accepté de suivre vos instructions qu'il y est arrivé. Votre tableau et son « prix » de plaisir amènent à la même réflexion chez les enfants. Ils réalisent qu'ils ne sont pas des princes à la maison, mais que **la vie familiale est faite de plaisirs et de responsabilités qu'il faut partager**.

D'ailleurs, un petit « truc » : faites le tableau avec tous les enfants de la famille. Ils en retireront les mêmes bénéfices que l'enfant qui manque de confiance en lui et cela vous permettra de tous les valoriser. De plus, sachez que, grâce à la bonne vieille rivalité fraternelle, vos enfants se chamailleront, ce sera « à celui qui aura le plus de points bleus »... Tout bénéfice pour vous.

➤ *Au fil des semaines*

À la fin de la semaine de consignes, faites un débriefing avec l'enfant. Pointez les réussites, valorisez-le et demandez-lui ses stratégies de réussite. Comparez avec les consignes non respectées et demandez comment il peut y arriver sans céder sur le bien-fondé de l'instruction.

Avec le nombre de points gagnés, programmez leur utilisation sur la semaine suivante. Cette anticipation amène l'enfant à gérer ses plaisirs et sa frustration de ne plus tout avoir sur simple demande. Apprendre et revoir des leçons de conjugaison n'ont pas de retour immédiat en termes de plaisir pour un enfant et c'est souvent pour cela qu'il rechigne à faire ses devoirs. En programmant les conséquences positives du tableau sur la semaine suivante, vous différez le sens de l'instantané de l'enfant, au même titre que le travail scolaire quotidien aboutit à des réussites plus tardives.

Réalisez un nouveau tableau où vous augmenterez la difficulté des consignes. Ces étapes permettent un apprentissage gradué et réalisable. Demandez à votre enfant les stratégies qu'il compte mettre en place afin de les réaliser. Rendez-vous compte que dans ce cadre vous êtes un parent stimulant avec lequel on peut discuter. Ce climat de confiance réciproque que vous avez institué entraînera un dialogue autour de consignes plutôt que des conflits et vous serez parfois surpris de ce que l'enfant osera enfin vous raconter.

La maman de Thibault, 12 ans, est en conflit permanent avec son fils depuis trois mois. « Il oublie tout. Il ne rapporte plus ses devoirs ni ses livres et ne fait plus rien scolairement. » Mme R. est très en colère et son fils se raidit dans un mutisme que je n'arrive pas à lever en consultation. J'ai donc proposé de mettre en place un tableau dont les consignes étaient centrées sur le « non-oubli ». Mme R. n'ayant plus le droit de se fâcher et Thibault ne pouvant accéder à ses plaisirs qu'en échange de l'application des instructions. Après une semaine de « grève », le tableau s'est couvert de points bleus et le dialogue avait repris entre la mère maintenant stimulante et le jeune homme qui ne craignait plus les foudres parentales. Une seule consigne n'était systématiquement pas respectée : ne pas oublier de prendre le pain à la boulangerie située au pied de l'immeuble familial. Sur les demandes d'explication, cette fois-ci dans un climat chaleureux, Thibault a pu avouer à sa mère qu'il était depuis trois mois harcelé et maltraité par une bande de sa classe dont le leader n'était autre que le fils de la boulangère. Mme R. est alors intervenue au sein de l'école afin de protéger son fils. Le harcèlement fini, les difficultés de Thibault se sont arrangées. Mais les deux protagonistes de l'histoire m'ont bien confirmé que c'est le climat de confiance réciproque retrouvé qui avait permis les retrouvailles entre la mère et le fils.

En pratique, l'utilisation du tableau n'a qu'un temps. En deux mois en moyenne, l'application des stratégies utilisées devient naturelle dans la vie familiale. Tout le monde a appris à utiliser la stimulation sans mettre la pression et l'effort au quotidien. En général, les parents utilisent le tableau pour toute la fratrie et l'adaptent selon les apprentissages singuliers de chacun.

Que retenir ?
Soyez le supporter de votre enfant, soutenez-le, encouragez-le !

Ce tableau demande beaucoup de temps et d'efforts. Mais ce temps équivaut à celui que vous passez à être en conflit ou à rassurer votre enfant. Vous êtes devenus ses supporters et ce temps consacré au tableau est devenu du temps positif. Telles des « pom pom girls », vous le valorisez en permanence. Ce dialogue constructif restaure une communication affective. Croyez-en mon expérience et celle surtout des centaines de parents qui l'ont pratiqué, cet outil libère les parents. Ils n'ont pas perdu du temps, mais gagné en plaisir et communication.

CHAPITRE 8

L'enfant qui manque de confiance en soi

Dans le parc des Buttes-Chaumont, un cycliste de 5 ans,
S'apprête à vivre un grand événement
Encouragé par son père et par sa maman
Il va faire du vélo comme les grands
Il empoigne son guidon
C'est parti pour le grand frisson
Sans les petites roues qui stabilisent
Il va falloir qu'il improvise
Notre équilibriste
S'élance sur la piste [1]

Lorsqu'un enfant doit agir face à une situation nouvelle ou qu'il ne maîtrise pas, il se pose toujours – inconsciemment – les trois mêmes questions : est-ce dangereux ou difficile ? En suis-je capable ? Serais-je soutenu par mon entourage ? La réponse positive à ces interrogations le conduit à agir en confiance, mais surtout lui permet de

1. *Vélo,* paroles et musique Bruno Nicolini dit Bénabar, arrangement Fabrice Ravel-Chapuis, © 2000 Universal Music Publishing & Ma Boutique. Avec l'aimable autorisation de Universal Music Publishing & Ma Boutique.

réguler son appréhension anxieuse, bien naturelle. Chez l'enfant confiant, l'angoisse diminue et est facilement surmontable. Même si l'échec survient, la confiance n'est pas tout de suite remise en question. Soutenu par son estime de soi et celle de ses parents, l'apprenti se remet à la tâche comme nous le chante Bénabar.

> Il tombe et retombe
> Les paumes incrustées de gravier ça fait mal et puis ça pique
> C'est surtout vexant de tomber en public
> Y va pas remettre les petites roues
> Ça serait pire que tout
> Attention, il enfourche son bolide
> Et c'est reparti pour la chevauchée intrépide

Si, malgré de nombreux changements de stratégies, l'obstacle n'est pas surmonté, alors la prévision positive se négativise et s'accompagne d'une anxiété. Cette crainte devient une épreuve physique et psychologique de plus à vaincre. Face à la peur, le corps et l'esprit conjuguent leurs efforts pour l'éliminer. Il s'agit par exemple, de trouver une autre stratégie comportementale, cognitive ou émotionnelle afin de l'affronter. « L'équilibriste » de la chanson de Bénabar a tenté d'abord cette approche : l'utilisation d'une autre émotion forte telle la colère annihile l'angoisse[2].

> Un coup de pied dans le porte-bagages
> Ça change rien, mais ça soulage
> Sermon des parents : c'est vilain de faire des colères
> Il faut être patient et avoir bon caractère

---

2. J. Wolpe : « L'inhibition réciproque », in *Pratique de thérapie comportementale*, Paris, Masson, 1975.

Mais s'énerver c'est légitime
Il faut savoir se faire respecter des machines
[....]
Il s'élance dans la descente
Maintient le cap avec adresse
Il dévale la pente
Tangue et se redresse et prend de la vitesse
[...]
Il veut faire coucou de la main
Et se vautre un peu plus loin

J'ai pris pour exemple un cas de prise d'autonomie (l'apprentissage du vélo), mais, dans tous les domaines, la perte de confiance peut survenir après des déboires répétés. Les enfants partent *a priori* en confiance à l'école. Nés pour apprendre, ils ont envie d'aller dans ce sanctuaire de la connaissance. Leur parcours savant va être émaillé d'embûches. Difficultés d'apprentissage, rythme mal adapté, un enseignant trop sévère, une pression parentale trop lourde, les choix pour l'avenir... Petits et grands échecs peuvent plus ou moins amener un enfant à perdre confiance en son potentiel intellectuel. Les petits disent qu'ils sont « nuls ». Chez les plus grands, on assiste à une véritable sidération intellectuelle. Ils n'ont aucune difficulté cognitive, mais l'angoisse inhibe leurs facultés. C'est un peu comme s'ils avaient le permis, une très bonne voiture, mais se pensent et se disent incapables de se lancer sur les routes.

Quand l'enfant agit sans confiance : ses réponses face à l'angoisse

Face à la nécessité de surmonter une situation à laquelle il est confronté, l'enfant doit trouver une stratégie, qu'il ait confiance en lui ou non, il doit agir. Cette action va essentiellement dépendre du niveau d'angoisse déclenchée par l'événement stressant.

✔ *La recherche de la stratégie se centre non pas sur l'événement à affronter, mais sur la façon de surmonter l'angoisse. Sachez que vous serez parfois désorientés par les comportements observés.*

Les enfants savent peu exprimer leurs émotions par des mots. Soit parce qu'ils sont trop jeunes, qu'ils n'ont pas le lexique émotionnel nécessaire, soit parce qu'ils ne font pas le lien entre les sensations ressenties et la notion d'anxiété. De plus, le contexte social parental, scolaire n'autorise pas forcément à exprimer sa peur. Un enfant qui a l'impression de ne pas être écouté, cru dans sa peur, ou que celle-ci est minimisée, va se taire. Prenez le temps d'écouter ce qu'il vous dit, de lui dire que vous comprenez son inquiétude. Cette écoute ne peut malheureusement pas être appliquée au sein d'une classe, où l'anxiété exprimée est immédiatement tournée en dérision par les pairs. Humilié, l'enfant cherchera surtout à ne pas paraître « peureux ».

Lorsque l'angoisse est intense, l'enfant tente d'éviter le problème à tout prix ; moyenne, il développera des méthodes de contrôle ; faible, il est probable qu'il adopte la stratégie efficace, mais plus tardivement ou avec le besoin de plus d'accompagnement qu'un autre enfant.

➤ *L'angoisse est faible et ponctuelle : l'enfant cherche à se rassurer avant d'agir*

La non-confiance n'apparaît que dans certains domaines, elle n'est pas permanente et l'angoisse est surmontable moyennant quelques aménagements.

✔ *Ces enfants vont trouver en fin de compte la bonne stratégie et confiance en eux. Mais ils ont besoin d'être plus souvent rassurés. Ou bien ils demandent plus d'aide ou ils montrent plus de signes de mal-être en groupe que la moyenne des autres.*

Inconsciemment, les parents les sentent plus fragiles et les entourent un peu plus. Ce qui leur vaut souvent d'être taxés de « surprotecteurs » ou de « fusionnels », deux expressions qui ont le don de m'irriter. L'expérience aidant, je suis sûre que ces parents ont choisi la bonne méthode ; il y a effectivement des enfants qui ont besoin d'être plus « accompagnés » que d'autres dans certains domaines. Leur seul problème est que cela devient une habitude pour les parents. Or leur travail porte ses fruits : à un moment de son développement, il n'a plus besoin de cet entourage si proche. Les parents, eux, ne sont pas encore sûrs qu'il ait pris l'assurance escomptée. C'est un peu comme si vous le teniez par le porte-bagages du vélo et que, alors qu'il vous dit que vous pouvez le lâcher, vous avez le sentiment qu'il est trop tôt et ne le faites pas.

Ces enfants utilisent leur entourage mais aussi développent des stratagèmes dans le but de diminuer l'angoisse. Ils réalisent que, lorsque l'anxiété disparaît, ils peuvent surmonter les situations au même titre que leurs congénères :

« Je suis capable de le faire si je trouve le moyen de diminuer mon appréhension. »

Demander de l'aide

Ces enfants ont un vrai potentiel pour demander et obtenir des réponses à leurs questions. Savoir susciter l'aide et l'utiliser est une stratégie efficace face à une situation que l'on ne maîtrise ou que l'on ne connaît pas. Ces non-confiants ont donc trouvé le bon système pour faire face. À la différence des confiants, ils posent plus de questions, demandent plus d'explications et se font accompagner un peu plus longtemps avant de se lancer seuls. Là ou le confiant semble comprendre et agir vite, ces demandeurs semblent être un peu plus timorés et ils le sont. Ils mettent plus de temps pour se sentir en confiance, mais, une fois l'anxiété diminuée grâce à l'utilisation adéquate des conseils donnés, ils agissent avec une assurance qui se stabilise au fur et à mesure de leurs expériences de vie. En classe, ils posent beaucoup de questions, redemandent des explications et viennent souvent parler avec leurs professeurs. De même que le bébé est capable de susciter l'émotion et l'attachement, ces enfants sont capables d'éveiller une attention empathique à leur égard et c'est souvent bien volontiers que tout le monde les aide. Ainsi, ils sont aussi bien intégrés parmi leurs congénères même s'ils sont le plus souvent suiveurs que leaders.

✔ ***Si vous avez la patience de suivre leur rythme, de leur laisser le temps de diminuer leur angoisse et si vous pratiquez les bonnes techniques d'estime de soi, vous verrez ces enfants s'épanouir et devenir des adultes aussi assurés que les plus confiants.***

Le pouvoir magique

Une autre stratégie pour diminuer l'anxiété est d'utiliser toute une série de techniques un peu « magiques ». Ces enfants sont à l'écoute des superstitions et en inventent. Bon nombre d'enfants, mais aussi leurs parents, me racontent avoir eu des fétiches ou des grigris. Peut-être avez-vous, vous aussi, marché le long des lignes de pavés en vue d'avoir une bonne note ou pensé que vous alliez échouer juste histoire de conjurer le mauvais sort ?

Des rituels plus complexes existent, tels que vérifier, compter, ranger, ordonner, mais ils ne sont pas invalidants, l'enfant ne semble pas assujetti à ses gestes et leur revendique une certaine légitimité même s'il est critique (« je sais bien que la maîtresse ne demande pas d'encadrer entièrement le titre avec la règle, mais moi j'aime bien. »).

Chez les jeunes, le pouce, le doudou, sont utilisés plus longtemps, mais ils finissent par disparaître le jour où l'enfant le décide. Point n'est besoin de le forcer car le risque est d'augmenter l'angoisse en interdisant d'utiliser ces anxiolytiques inoffensifs.

Par contre, il faudra se méfier chez des adolescents non confiants de l'utilisation de certains produits qui mènent rapidement à l'addiction : médicaments, alcool, tabac, drogues « douces ». Ces produits sont malheureusement de très bons anxiolytiques. Plus sereins, les enfants qui les utilisent s'adaptent mieux aux situations qui les inquiétaient. Un temps en tout cas. Conscients que, grâce au produit utilisé, ils ont su faire face, ils lui attribuent le pouvoir de les aider. Aussi, face au renouvellement de la même situation, ils reprendront le même produit. Vous comprenez donc bien pourquoi ils deviennent facilement « accros » à cet effet bénéfique.

✔ *Il faut leur expliquer le danger d'un produit qui en calmant efficacement l'angoisse entraîne le besoin d'y recourir dès la moindre anxiété.*

Quelques autres mauvaises manies peuvent devenir addictives à cause de leur efficacité sur l'anxiété : l'onycophagie (se ronger les ongles), la trichotillomanie (s'arracher les cheveux), le grignotage… Le sevrage de ces produits et manies nécessite souvent une prise en charge psychothérapeutique.

➤ *Cacher sa peur derrière un personnage*

Afin de ne pas paraître peureux, les non-confiants de ce groupe se créent des personnages parfois en complète contradiction avec la façon dont ils se comportent en famille. Untel très à l'aise, voire autoritaire en milieu familial, peut se révéler très timide à l'école. Tel rhéteur scolaire peut être un muet discret en présence des adultes. Voici une présentation générale, mais sachez que les enfants sont capables d'utiliser plusieurs personnages selon les circonstances.

Les « toutous »

En langage psy, il s'agit d'enfants ou d'adolescents passifs qui paraîssent gentils, sages, pas dérangeants. Ils sont d'accord sur tout, ne s'engagent jamais dans un conflit, ne défendent pas leurs opinions. Polis et serviables, ils sont toujours prêts à rendre service. Pas une once d'originalité n'apparaît dans leur tenue et dans leurs propos, car ils craignent trop les moqueries. Avantages : une bonne intégration parmi les pairs, une absence de conflits et une bonne image de marque auprès des adultes. Inconvénients :

ils sont souvent manipulés et ils ne sont pas appréciés pour leur personnalité, mais pour leur accord sur tout.

Les « loups »

Encore appelé les agressifs. Ces enfants agressent verbalement ou physiquement dès qu'on les aborde. Leur seule tenue (racaille, gothique, punk, skin head...) effraie et ne donne pas envie de les fréquenter. Et c'est le but. Les autres faisant peur, alors faisons les fuir : belle technique d'évitement, qu'en pensez-vous ? L'inconvénient est la réputation de violence de ces enfants. Personne ne cherche à les connaître vraiment, ils sont mal aimés, tenus à l'écart des autres, ce qui ne renforce pas leur confiance en eux. Toutefois, non manipulés et paraissant leaders, ils cachent bien leurs doutes et c'est ce qu'ils cherchent.

Les « toutous-loups »

Autrement dit les passifs-agressifs, personnages souvent utilisés quelle que soit la catégorie d'âge, y compris les adultes. Officiellement, ils ressemblent à s'y méprendre aux toutous mais officieusement ne font, disent et agissent que comme ils ont décidé de le faire. Quelques exemples ? Les toutous-loups ne refuseront pas votre demande de mettre la table, ils seront désolés mais ils viennent subitement de se rappeler qu'ils ont oublié de faire un devoir très important.

Je vous vois mal dire à une maîtresse de maison que sa soirée et son dîner ont été épouvantables et je vous imagine très bien ensuite être enchantés d'être à nouveau invités, mais que cela tombe très mal car vous avez déjà prévu autre chose. L'enfant toutou-loup ment et manipule afin de ne pas faire ce qu'il ne veut pas. Au début, il est très entouré par ses congénères et apprécié par les adultes à l'identique du toutou. Il fait faire les bêtises par les autres et ne lève pas le petit doigt lorsqu'un camarade se fait accuser à sa place. Toutefois, au bout d'un moment ses mensonges et ses manipulations sont découverts. Et, là, les enfants lui en veulent beaucoup, le rejettent, il devient le bouc émissaire de ses pairs. Moqué, exclu, il a beaucoup de mal à comprendre que son comportement de mystification est à l'origine de ce rejet.

Les « clowns »

Mettez-vous dans la peau du non-confiant qui doit répondre à une question posée par le professeur devant toute la classe. Le raisonnement catastrophique lui fait entrevoir la mauvaise réponse et les quolibets qui fusent devant sa stupidité. Alors, il fait ou dit une « bêtise », suscitant l'hilarité de tous (sauf du professeur). Comprenez bien, pour un enfant, il vaut mieux être le clown qui fait rire que l'idiot dont on se moque. Les clowns sont très appréciés et même admirés, ils semblent avoir une audace à toute épreuve, que beaucoup d'autres élèves leur envient.

Le clown est souvent invité car il anime les soirées et est le « marrant » du groupe. Les parents des clowns sont toujours étonnés lorsque je leur explique que leur enfant manque de confiance en lui. Le jeune me demande systématiquement, lui qui croyait avoir bien caché son problème, comment je sais tout cela. En réalité, si je suis amenée à voir des clowns en consultation, c'est parce que leur technique ne tient pas sur le long terme. Ils finissent par « saouler » leurs camarades qui le leur disent et par exaspérer les professeurs qui le leur rendent bien.

Les « populaires »

Nouvelle technique en vogue, qui nous vient directement des États-Unis par l'intermédiaire des séries pour jeunes. Les populaires sont en fait des contrôleurs des autres. Manquant de confiance en eux, ils craignent que les autres le remarquent et se sentent incapables d'affronter la moindre critique. Alors ils s'imposent : ils savent tout faire, tout ce qu'ils disent est génial, tout ce qu'ils portent est à la pointe de la mode et gare à celui qui ose les contredire. Celui-là, ils ne le laissent pas parler, se moquent, excluent, harcèlent, voire agressent physiquement. À l'attention des autres, ils développent des trésors de séduction, de manipulation, de fabulation afin de les avoir sous contrôle.

Si vous écoutez bien vos enfants, ils vous parleront du ou de la populaire de la classe. D'ailleurs ils vont vous demander de nouveaux habits ou se lamenter de ne pas avoir la vie fabuleuse de leur camarade qu'ils ont tendance à encenser. Les confiants ne se laissent pas abuser par les populaires, mais du coup peuvent se retrouver harcelés par ce persécuteur et sa cour, car le contrôleur des autres à toujours peur de perdre sa place de « favori » de la classe. En effet, le confiant est bien aimé car respectueux des autres, il sait créer des amitiés fortes et fidèles. Les populaires voulant garder le contrôle doivent à tout prix éliminer ce personnage pour lequel ils ont en fait une forte attirance, car ils voudraient lui ressembler. Si votre enfant vous raconte qu'il est rejeté par le ou la populaire et son groupe, ne le prenez pas à la légère car la violence du harcèlement détruit rapidement la confiance en soi. La pire humiliation actuelle est d'être un « exclu » ou un « sans ami ». De plus sachez que la violence de ces populaires peut être aussi méchante que bête. Ils peuvent être à l'origine de violences physiques qui terrorisent vos enfants et l'actualité vous le prouve. Telle populaire n'a pas supporté que son ex-petit ami puisse s'intéresser à une autre et a mis le feu à la boîte aux lettres de sa rivale, n'imaginant pas une seconde qu'elle pouvait être responsable de la mort de plusieurs habitants de l'immeuble. Dois-je vous rappeler cet enfant mort sous les coups du groupe du populaire à la sortie du cours de gymnastique ou cette jeune fille lapidée car elle n'aimait plus le populaire ? Tout n'est pas aussi dramatique et la plupart du temps les manipulations et les mensonges du ou de la populaire sont démasqués. Ils sont alors rejetés et en butte aux brutalités même dont ils étaient les protagonistes.

Les « mythos »

Les affabulateurs inventent des histoires dont ils sont les héros afin de stimuler l'intérêt et l'admiration de leurs congénères. Pourquoi inventer ? Parce qu'ils sont persuadés que leur personnalité ne séduira personne. Les toutous-loups et les populaires sont les rois dans ce domaine. Mais l'affabulation a toujours été une technique utilisée par les enfants pour éviter les conséquences de leurs actes. Pour les cinéphiles, rappelez-vous Antoine Doisnel dans *Les 400 coups* de François Truffaut en 1958. Arrivé en retard, il annonce devant toute la classe au surveillant qui le sermonne que sa mère est morte. Il s'ensuit pour lui une lune de miel ou adultes et enfants lui témoignent soutien, sympathie et compassion pour sa situation d'orphelin.

Depuis quelques années, je m'aperçois que certains ados non confiants s'intègrent dans les groupes en affabulant sur des troubles psychologiques. Ils dévoilent des troubles alimentaires, un suivi ou une hospitalisation en psychiatrie. Ils n'hésitent plus à en parler, même sur des blogs. Ne vous y trompez pas, s'ils utilisent cette méthode c'est bien parce qu'ils n'ont pas confiance en eux et qu'ils pensent qu'ils ne peuvent susciter l'intérêt des autres que dans l'apitoiement sur leur sort. Comme toujours, une fois démasqués, ils sont rejetés et deviennent la tête de Turc des autres enfants. Certains, sentant la fin de la lune de miel proche, développent une phobie scolaire afin de ne pas faire face aux moqueries ou au rejet ; d'autres passent à l'acte et notamment font une tentative de suicide. Bon, ne paniquez pas, je prends les cas extrêmes, certains de ceux que je vois en consultation. La plupart du temps, les affabulateurs abandonnent vite leur comportement ou je ne les vois même pas.

Les « Peter Pan »

Ils donnent l'impression d'être sur une autre planète. S'identifiant à des héros imaginaires et tout-puissants, ils rêvent dans leur coin de conquêtes et de réussite. Ils sont à côté des autres sans être dérangeants mais investissent peu les apprentissages. Plus grands, ils ont tendance à vivre au rythme des jeux vidéo et de leurs personnages. Souvent très performants dans ce domaine, ils s'isolent des autres et encore plus de la scolarité. Ces non-confiants se protègent des autres grâce aux nouvelles technologies. Pensant ne pas être intéressants dans une discussion en face à face, ils deviennent des pros du message ou des blogs par internet. Ne vous affolez pas, internet tous les ados l'utilisent. Veillez simplement à ce qu'il y ait un juste équilibre avec les relations sociales en direct. Nos non-confiants ont tendance à privilégier l'ordinateur. À vous de leur proposer des activités plus sociales. Réticents au départ, ils réaliseront rapidement que l'amitié est plus authentique en réel. Pour les autres, n'hésitez pas à consulter.

Les « schtroumpfs à lunettes »

Anciennement appelé les « fayots » de la classe. Inquiets sur la reconnaissance de leurs compétences, ils se passionnent pour des connaissances particulières qui impressionnent tout le monde. Malgré leur jeune âge, ils ont un discours adultomorphe, car pensant qu'ils ne peuvent avoir des amis, ils cherchent le soutien social des adultes qui les entourent. Cette technique, de moins en moins fréquente, sévit en primaire et au collège et touche particulièrement les enfants précoces. **Les surdoués ne sont pas plus intelligents que les autres, ils le sont différemment[3]. Le sentant bien, ils manquent de confiance en eux, car la différence n'est pas une qualité reconnue chez les enfants et à l'Éducation nationale.** L'ennui, c'est qu'ils deviennent le punching-ball des autres. Les enfants sont sous le joug des lois parentales et scolaires, alors quand un autre enfant leur dit : « La maîtresse a dit que », ou : « Il ne faut pas… », ils évacuent physiquement et verbalement sur le schtroumpf à lunettes toutes leurs frustrations non énoncées vis-à-vis des adultes.

Les « marchands »

Souvent associés aux populaires, les marchands, doutant qu'on puisse les aimer pour eux-mêmes, achètent l'amitié par des cadeaux. Ils sont fréquemment sujets au racket dès qu'ils arrivent au collège.

Comment aider ?

Tous les comportements que je viens de décrire ne sont ni stables ni intemporels. Selon les moments ou les

3. J. Siaud-Facchin, *L'Enfant surdoué*, Paris, Odile Jacob, 2002.

circonstances, les non-confiants les utilisent. Mais, je vous le rappelle, ils ne cherchent qu'à diminuer leur anxiété et à se faire accepter dans leur société. La plupart du temps, ils disparaissent au fur et à mesure de la prise de confiance. Pour ceux qui persistent, tentez de leur expliquer leurs erreurs de raisonnement et de comportement. Vous risquez d'entendre ce qui m'est régulièrement dit en consultation : « Je veux bien vous croire, mais vous ne savez pas comment cela se passe dans nos écoles. » Sous-entendu, vous êtes trop vieux pour comprendre. C'est pour cette raison que j'ai développé en collaboration avec Luis Vera des groupes d'affirmation de soi[4]. Les enfants y apprennent l'assertivité, une technique de communication qui permet d'être soi-même, de se faire respecter, de s'affirmer et de se faire confiance. Les enfants, réunis en groupe, s'exercent à contrôler leur angoisse par des jeux de rôle proches des situations rencontrées lors leur vie quotidienne.

➤ *L'angoisse est tolérable mais tenace : l'enfant cherche à garder le contrôle*

L'anxiété est plus manifeste que précédemment. Cette fois, l'objectif de l'enfant non confiant n'est pas de surmonter avec efficacité le problème, mais que **l'échec présupposé ait le moins de conséquences négatives possibles**. Autrement dit, toute sa recherche mentale et émotionnelle est centrée sur le contrôle de la catastrophe présumée.

Je vais essayer de vous décrire les techniques les plus fréquemment utilisées, mais sachez que la liste ne peut être

4. *Comment soigner la timidité de l'enfant et de l'adolescent*, Paris, Dunod, 2006.

exhaustive car la singularité des enfants non confiants est telle qu'il y a autant de stratégies que d'enfants.

Faire faire

Une particularité enfantine est de se débrouiller pour faire faire aux autres ce que l'on se croit incapable de réaliser. Grâce à sa parfaite connaissance de vos inquiétudes personnelles, votre enfant sait solliciter votre réassurance et vous encourager à l'aider. Vous faites à sa place parce que vous pensez ainsi le réassurer. Vous diminuez ainsi votre inquiétude et votre enfant vous semble alors apaisé. Mais sans le vouloir, en agissant à sa place, vous l'avez conforté dans l'idée qu'il n'était pas capable.

Dans le domaine de l'autonomie, votre enfant apparaît lent et maladroit, inquiet, vous poussant soit à le secourir, soit à abandonner la consigne.

> Une maman me raconta : « Je suis très inquiète à l'idée que mes enfants puissent se faire du mal. Aussi lorsqu'il s'est agi d'apprendre la bicyclette à ma fille, je craignais au-delà de toute mesure qu'elle tombe. Elle n'arrêtait pas de poser des questions sur l'hôpital où elle risquait d'aller en cas de blessure. Assise sur la selle, elle n'écoutait pas les consignes et demandait si elle aurait des piqûres, si elle devrait être opérée… À chaque coup de pédale, elle prévenait qu'elle allait tomber. Nous avons fini par ranger le vélo et ne plus tenter de lui en faire faire. Jusqu'au jour ou la mère d'une de ses amies l'a invitée à faire du vélo avec elle. Plus motivée par le plaisir d'être avec sa copine, et en présence d'une mère moins anxieuse qui a choisi de rire de son anticipation hospitalière, ma fille a enfourché l'engin et a immédiatement réussi à rouler. »

Dès qu'il s'agit d'apprentissage, vous avez tous vu ce petit visage enfantin, un peu inquiet cherchant dans vos yeux la solution à son addition : « C'est bon ? » demande-t-il, implorant votre pardon car il pense bien sûr qu'il s'est trompé. Il est si difficile de ne pas craquer et de l'aider outre mesure. Sans vous en rendre compte, vous lui apportez des réponses toutes faites. Vous oubliez de lui poser la question : À ton avis comment vais-je faire pour vérifier si c'est bon ? Montrez-lui qu'il y a des techniques de vérification qui sont objectives et que les résultats ne sont pas écrits sur votre front. Malgré cela, le non-confiant insiste sur le fait qu'il n'a toujours pas compris et vous oblige à de nouvelles explications sans fin. L'idée est de vous faire croire qu'il n'a vraiment pas les compétences. Il le pense si fort qu'il voudrait en convaincre tout le monde. Le plus souvent, il arrive à ses fins car, au bout d'un moment, vous vous énervez et pensez qu'il le « fait exprès ».

En classe, il ne lève jamais la main, même s'il connaît la réponse, le pari négatif l'empêche de risquer en plus l'humiliation de s'être trompé. Interrogé, il se lève et donne l'impression d'une intense réflexion, mais malgré tous ses efforts aucun son ne sort de sa bouche, ajoutez à cela quelques signes d'émotivité et la maîtresse compatissante n'insiste pas, voire l'aide pendant la récréation.

Au fait, ils copient beaucoup, les autres ont toujours la solution, eux !

En récréation, ou avec leurs pairs, ils ont une attitude timorée, recherchant avec insistance la bonne âme qui viendra les chercher pour jouer. Ils se trouvent un « grand frère » ou une « grande sœur » qui les intégrera dans son groupe et les protégera en cas de besoin.

L'entrée au collège les terrorise : devoir se débrouiller dans les méandres de l'institution, s'organiser et être le plus petit parmi les grands lui donneront l'impression d'avoir été abandonné seul dans la jungle. Plus question de séduire les professeurs, certains resteront sensibles à ses marques d'inquiétude, d'autres seront plus fermes et le pousseront dans ses retranchements. À la maison, vous aurez droit au mur des lamentations. Il vous expliquera qu'il ne peut y arriver, qu'il a des troubles de concentration, de mémoire, de langage, qu'il n'a aucun ami. Inquiets vous consulterez des spécialistes de ces troubles, qui vous diront qu'ils n'observent pas de difficultés patentes en séance, mais que les techniques de rééducation enseignées ne sont pas appliquées en classe par l'enfant. Ils consultent aussi en psychothérapie, sont plutôt compliants et donnent à travailler au thérapeute qui est souvent amené, lui aussi, s'il n'y prend garde, à penser et à élaborer à la place de son patient. N'allez pas penser qu'ils sont manipulateurs, ils cherchent toujours à convaincre leur entourage de leur compétence.

Les contrôleurs

Persuadés qu'ils vont commettre des erreurs, les contrôleurs vérifient et planifient tout.

Dès que vous lui proposez une nouvelle activité ou un changement de programme, le contrôleur semble désemparé. S'ensuit une litanie de question : où, quand, comment, pourquoi... ? Vos réponses semblent le calmer un peu, mais il revient vite à la charge demandant si vous êtes sûrs de ce que vous venez de lui expliquer. Rien ne les rassure.

Pour les devoirs, bien qu'il les ait faits et vérifiés, il faudra absolument que vous les contrôliez. Il vous récitera ses leçons par cœur et n'acceptera pas que vous laissiez passer la moindre erreur. Il vous faudra ensuite vérifier son cartable, même s'il est déjà parfaitement en ordre.

Le matin, c'est lui qui vous active : pas question d'arriver en retard. Il vous demande s'il est impeccablement habillé et coiffé et va se changer dès la moindre tache.

En classe, il ne participe pas non plus. **Impossible de prendre le risque de la moindre erreur.** Devant une difficulté, il montre des signes de mauvaise humeur et de colère contre lui-même. Malgré les explications des enseignants, il refuse de recommencer à affronter sa difficulté et se montre opposant et réfractaire.

Avec les autres, il est leader. Il choisit les jeux, impose les rôles, les règles et, s'il ne peut obtenir gain de cause, part bouder seul dans son coin, assuré que personne ne l'aime. Le plus difficile pour lui, ce sont les sports d'équipe. Le moindre écart de conduite par rapport à la règle de ses partenaires et le voilà râleur, se plaignant auprès de l'arbitre et voulant tout diligenter.

Le nombre des devoirs augmentant dès le collège, notre contrôleur y passe plus de temps que la moyenne et n'arrive plus à gérer son temps scolaire et ses loisirs. Les années passant, ses vérifications donnent à croire qu'il est obsessionnel ou perfectionniste. Voulant coûte que coûte contrôler ses émotions, il apparaît aux yeux des autres comme froid ou extrêmement colérique. Toujours autoritaire, il impose ses lois dans la famille et parfois prend le rôle de parent auprès des frères et sœurs en leur disant ce qu'il faut ou ce qu'il ne faut pas faire. Cette même attitude auprès de ses camarades l'isole petit à petit.

Un petit aparté pour les adolescentes, puisqu'il faut tout contrôler, alors l'alimentaire peut être touché. Si une « contrôleuse » décide de faire un régime, le risque anorexique est grand.

Les pseudonarcissiques

Jules a 14 ans et refuse de retourner au collège. Élève brillant, jusqu'en 4e, il a toujours eu des moyennes de 16/20 sans travailler. L'entrée en 4e modifie la façon d'apprendre et la codification des notes. Il est demandé aux élèves de savoir faire des synthèses plutôt que du par cœur. Les notes aux rédactions sont rarement au-dessus de 13. Bien que Jules soit parfaitement capable de s'adapter à ces modifications, il refuse de s'y soumettre et la chute de sa moyenne est vécue comme une injustice. « Ma méthode a toujours été la meilleure et je ne vois pas pourquoi j'en changerais. » Il suit ses études par correspondance, mais refuse d'envoyer ses devoirs, estimant que les notes des professeurs n'ont aucun sens.

Je voudrais m'arrêter un peu sur l'histoire de Jules afin que vous compreniez pourquoi il n'a aucune confiance en lui. Voici ce qui s'est passé. Jusqu'en 4e, plus doué que la moyenne, il a réussi à faire ses apprentissages sans diversifier les stratégies qui s'avéraient jusque-là efficaces. Il les a surestimées et a renforcé sa confiance en elles. Toutefois, cette confiance est devenue aveugle et Jules refusait de prendre le risque de tester une autre forme d'apprentissage. Il a donc trop confiance dans certaines de ses compétences et aucune dans les autres. C'est un peu comme si, pour aller d'un endroit à un autre, il prenait toujours l'autoroute en estimant que c'est une voie royale et qu'il n'y en a pas d'autres. Il n'a jamais tenté de planifier un autre itinéraire. Mais, le jour où l'autoroute est devenue impraticable, il s'est senti totalement perdu car il ne pouvait envisager d'utiliser un autre parcours, se sentant incompétent face à la nouveauté de cette situation.

Notre travail psychothérapeutique a montré que les liens affectifs et d'attachement de Jules n'étaient pas assez solides.

Jules s'était imaginé qu'on ne pouvait l'aimer que s'il gagnait. Devant l'échec, outre son manque de confiance dans ses stratégies adaptatives, il craignait la perte de son soutien social. Les deux conjugués, Jules a préféré rester chez lui pour éviter la notation de ses devoirs ; ainsi, pensait-il, il éviterait le regard désapprobateur des autres, l'exclusion, et son propre regard négatif sur lui.
Jules a dû réapprendre que ses relations sociales étaient indépendantes de sa réussite scolaire ; qu'une note ne reflétait pas l'intelligence d'une personne ; qu'il n'était pas supérieur aux autres, mais qu'il avait certaines compétences plus efficaces que la moyenne et d'autres nécessitant d'être développées.

➤ *L'angoisse est massive : l'enfant cherche à éviter la situation*

L'enfant a **l'assurance que tout va échouer**, la seule issue est donc d'éviter la situation. L'évitement est souvent la première solution retenue afin d'annihiler l'angoisse. Et l'imagination dans ce domaine se développe à une vitesse fulgurante : tout devient prétexte à esquiver le problème. N'allez pas penser que vos enfants sont manipulateurs et qu'ils cherchent à vous blesser. Submergés par leur inquiétude, ils tentent d'échapper à la situation. Peu importe si l'évitement a d'autres conséquences négatives, celles-ci apparaissent aux yeux du fuyard comme moins insupportables que la crainte de l'échec.

Les quatre fers en l'air, ayant perdu totalement confiance, le cycliste du poète chanteur Bénabar trouve la méthode bloquant toute nouvelle tentative de le remettre sur le vélo :

Il arrache le garde-boue
Et les poignées en caoutchouc
La dynamo d'un coup de talon

Puis piétine les rayons
Et il crève les pneus
Il commence à se sentir mieux…

Le vélo maintenant détruit, les parents ne peuvent plus l'obliger à en faire. La dispute est assurée, mais le problème de la peur physique et psychologique est résolu.

L'anxiété intense se manifeste et est exprimée par les enfants selon trois modes :

• *Le mode opposant :* refus, colère, insultes, voire violence physique envers l'objet nouveau (le vélo dans notre exemple) ou les observateurs de la scène.
• *Le mode anxieux :* l'enfant se fige ou s'enfuit en récitant tous les aspects dangereux de la situation et son impossibilité d'y faire face.
• *Le mode mixte :* l'enfant en colère et anxieux utilise le chantage affectif. Il menace de s'autoagresser si vous persistez dans votre idée saugrenue de vouloir qu'il surmonte une épreuve aussi angoissante pour lui. Il peut aller jusqu'à se griffer, se taper la tête contre les murs, hurler qu'il veut en finir.

Dans les trois cas, il vous faudra des trésors de patience et de propos réconfortants afin d'inverser ces comportements.

Quand un adulte décide d'éviter une situation qu'il croit impossible à affronter, il a les moyens cognitifs, physiques et matériels de le faire. Les phobiques trouvent toutes les astuces afin de ne pas être confrontés à l'objet de leur peur. Pour les jeunes, c'est plus délicat. Soumis à la pression parentale et sociale, ils n'ont que peu de choix et doivent se confronter à la situation sans confiance. Submergés par leur émotion et ne trouvant plus de soutien social, ils ont du mal à mobiliser leurs compétences et se retrouvent de fait souvent en échec. Ce déboire d'abord présupposé puis objectif conforte leur hypothèse de base de leur incapacité à réussir ce qui leur était demandé. Ils manquaient de confiance, l'expérience échouée renforce cette croyance.

L'adolescent, lui, peut mettre en place des conduites d'évitement, et c'est principalement à cet âge qu'apparaissent des cas de phobie scolaire.

Certains parents continuent à pousser à l'action, même s'ils constatent l'intensité de l'angoisse ressentie, afin que l'enfant voie qu'il se trompe.

Ils provoquent son orgueil en espérant que la réaction de révolte bloque l'anxiété et je dois dire qu'en termes cognitifs ce n'est pas faux. Une émotion forte comme la colère ne peut coexister avec l'angoisse[5].

> Le diagnostic des difficultés scolaires de Lionel, 10 ans, a été posé il y a un an. Dyslexique, il est correctement rééduqué. Son orthophoniste me l'envoie car elle voit les progrès de Lionel lors de ses séances, mais en classe ou à la maison, le garçon ne met pas en place ses nouvelles acquisitions. Il est le troisième de la fratrie et ses aînés scolarisés au collège ont de bonnes notes.
>
> En entretien, il est triste et défaitiste. Il me raconte ceci : sa mère s'est beaucoup occupée de sa scolarité ; elle n'arrivait pas à comprendre pourquoi il avait tant de problèmes alors que ses frères n'en avaient pas. Depuis qu'elle sait qu'il est dyslexique, elle s'inquiète en permanence pour son avenir et est « tout le temps sur son dos ». Le père, ancien dyslexique, se fâche en permanence, lui répète qu'à son époque on se débrouillait sans les orthophonistes et qu'à force de courage et de ténacité, il a su, lui, faire face à son handicap et

5. J. Wolpe, *op. cit.*

réussir professionnellement. Lionel finit son discours en me disant que ses parents ne l'aiment plus car il a de mauvaises notes.

Cette conclusion était profondément ancrée en lui et n'autorisait aucune critique, Lionel démontait tout argument contraire lors de notre première rencontre. « Je vois bien dans les yeux de mes parents que je les déçois, surtout mon père. Lui, il a su s'en sortir, moi j'en suis incapable ! »

Dans le cadre des apprentissages, l'utilisation d'émotions négatives fortes systématique est à risque. Le piège est que toute situation nouvelle devienne sujette à conflits et entame les liens affectifs qui restent indispensables à la connaissance et surtout à la confiance en soi. De plus, chez un enfant doutant déjà de ses capacités et du soutien social, la provocation parentale, majore son anxiété et ajoute un obstacle : la crainte de décevoir. Je vous conseille donc de n'utiliser cette méthode qu'avec parcimonie.

➤ *Affaire de professionnel*

Ces non-confiants nécessitent une prise en charge psychothérapeutique. Vous ne pourrez gérer au quotidien les crises d'angoisse itératives, les conflits et le chantage affectif. Ils risquent trop d'affecter les liens familiaux, l'enfant prenant une place particulière à la maison. Sujet d'inquiétude, de disputes, ils focalisent votre attention au détriment des autres membres de la famille. Ils créent chez vous des émotions fortes passant de la colère, à l'incompréhension, à l'impuissance, à la culpabilité et même au sentiment que tout va mieux lorsqu'ils ne sont pas là. Ne vous faites pas avoir par le discours enfantin qui vous pousse à croire que vous avez réponse à tous ses problèmes et qu'il ne voit pas l'intérêt de parler à un inconnu puisque vous êtes là. Imaginez qu'il ait une appendicite, vous lui diriez que vous comprenez sa douleur, qu'il n'ait pas envie d'être opéré mais qu'il n'a pas le choix, qu'il doit se soigner. Un anxieux a aussi besoin de soin et votre charge affective pour votre enfant est là un frein à votre aptitude thérapeutique. Face à un anxieux, il faut être neutre et objectif, comment peut-on l'être face à ses propres enfants ? Il m'est facile de derrière mon bureau de donner des conseils, mais croyez-moi, face à ma fille je fais les mêmes erreurs que vous.

Que se passe-t-il dans sa tête ?

➤ *Que dit-il ? Que pense-t-il ?*

Trois situations inquiètent l'enfant manquant de confiance : se débrouiller seul, montrer ses compétences intellectuelles ou physiques et, enfin, les autres. Si le confiant fait le pari réaliste de sa réussite, à l'inverse le discours interne du non-confiant est centré sur la catastrophe imminente qui va se produire. De plus, il est persuadé que l'échec sera de sa faute. Il ne tient plus compte des facteurs extérieurs qui pourraient entraver ses compétences. Non, lui, et lui seul, est responsable.

Tenter une expérience nouvelle : « Je ne vais pas y arriver ; c'est trop difficile pour moi, je ne suis pas capable... »

Un examen en classe, ou une compétition : « Je vais me planter, je suis nul(le), je ne suis pas intelligent(e), je ne comprends rien... »

Les camarades : « Ils vont penser que je suis stupide, ils vont se moquer de moi, ils vont me juger négativement, tous les autres y arrivent sauf moi... »

Vous allez me dire que tout le monde entend ces petites voix peureuses. Oui, mais le non-confiant les croit puisqu'elles sont en accord avec l'opinion qu'il a de lui-même. Là où chez vous elles stimulent vos énergies physiques et psychologiques afin de faire face au problème, chez les enfants manquant de confiance, elles aggravent leur angoisse et leur font oublier toute autre solution que l'échec.

➤ *Un raisonnement faussé*

Chez les confiants, la réussite des challenges est confortée par l'estime de soi et renforce la confiance en soi. Le hardi s'octroie les résultats de ses victoires. À l'inverse, le non-confiant attribue ses succès au hasard, à la chance. Autrement dit, s'il est persuadé qu'il est responsable de ses échecs, il pense aussi que ses réussites ne dépendent pas de lui.

Une expérience nouvelle réussie : « C'est un coup de chance et ça ne se renouvellera pas. »

Une bonne note : « La prof a été sympa, elle ne l'est pas toujours et les autres enseignants sont plus sévères. »

Une marque d'amitié : « Il est poli mais je sais qu'il ne le pense pas. »

Essayez de les convaincre du contraire et vous aurez en réponse un tissu d'arguments vous prouvant que vous avez tort.

✔ *C'est ce mode de raisonnement : « Si j'ai raté c'est de ma faute, si je réussis c'est de la chance », qui rend les enfants non confiants plus insensibles à l'estimation sociale.*

Si l'estimation sociale est indispensable et renforçatrice chez un enfant confiant, elle n'a aucun impact sur les autres.

Ne croyez pas que vous ne pourrez rien faire, tant qu'un enfant est jeune, vous avez encore une carte à jouer : votre lien affectif. Il va vous autoriser à dire que votre inquiet a le droit de penser ce qu'il veut mais que vous, vous lui faites confiance. Vous savez qu'il peut rater, mais qu'il a les compétences pour réussir dans ce domaine : « Je sais pourquoi ça n'a pas marché et je sais que tu sauras le surmonter. S'il a réussi, vous pouvez insister sur ses stratégies utilisées et les pointer : « Je connais tes compétences et je sais que c'est toi seul qui les as utilisées pour avoir ce résultat. »

✔ *Grâce au lien affectif que vous avez su créer,*
votre enfant croira en votre confiance en lui et saura
que vous ne lui dites pas cela pour lui faire plaisir,
mais parce que vous le pensez vraiment.
C'est dans votre regard de confiance qu'il puisera
à nouveau sa confiance en soi.

Vous allez me dire que les jeunes vont être dépendants de votre regard de confiance. Oui ! je vous le confirme ! Les enfants s'en nourrissent et ce n'est qu'une fois adolescents et sur les bases solides que vous leur avez données qu'ils sauront voler avec leurs propres ailes de la confiance en soi.

Que retenir ?
Défendez votre enfant

Le manque de confiance en soi peut s'exprimer selon une palette plus que variée de symptômes. J'espère, dans ce chapitre, vous avoir montré que votre attitude réconfortante devra varier selon le niveau d'angoisse. Si elle est intense et retentit sur le bien-être de votre enfant ou de votre famille, allez consulter. Si elle est moyenne, tentez les techniques que j'ai décrites tout au long de ce livre. Si vous ne voyez pas de progrès, faites vous aider. Enfin si elle est faible, sachez être patients, utilisez les astuces de ce livre. Et ne vous inquiétez pas, telles des fleurs délicates, vos non-confiants s'épanouiront, avec beaucoup de soins mais sur une confiance tout aussi solide que les autres enfants.

Conclusion

Un jour, une maman me racontait ceci :

> J'ai eu mes deux premiers enfants lorsque j'avais 26 ans. À l'époque, je voulais tout réussir : ma vie professionnelle, d'épouse et de mère. Il fallait que tout s'organise et que mes enfants soient autonomes le plus rapidement possible. Je les ai poussés en tout. Il fallait qu'ils marchent tôt, qu'ils parlent vite et bien, qu'ils soient toujours les premiers à l'école. Ils avaient un agenda de ministre : école, piano, tennis, solfège… Moyennant quoi, ils ont effectivement bien réussi dans la vie. Mais je ne les ai pas vus grandir.
>
> Entre-temps, j'ai divorcé, puis je me suis remariée et j'ai eu mon petit dernier. L'âge et l'expérience aidant, j'étais plus sereine à sa naissance et j'ai décidé d'en profiter. Je l'ai laissé évoluer à son rythme en l'accompagnant seulement. J'ai profité de ses premiers pas, mots, tours de bicyclette, de ses apprentissages. Il n'a jamais été premier de la classe et pourtant il a aussi bien réussi dans la vie que mes aînés. La différence est que moi, j'ai pu à loisir être la mère que je voulais être, non pas un coach de vie.

Comme cette maman, j'ai essayé tout au long de ce livre de vous rassurer sur l'avenir de vos enfants. Ne le mesurez plus à ses résultats scolaires, mais à sa confiance en lui. Si elle est suffisamment solide, il saura faire face aux aléas de la vie. Il aura régulièrement besoin de prendre appui sur votre confiance en tant que parents. Cette confiance mutuelle est le lien qui vous unira et vous permettra d'avancer jusqu'au jour où vos enfants vous diront de les « lâcher ».

Loin de moi l'idée de vous dire qu'il ne faut pas suivre les progrès et les apprentissages.

Vous pensez à juste titre à l'avenir de vos enfants, c'est votre rôle et vous avez raison de le faire. Mais ne voyez pas trop loin, c'est au quotidien qu'il se prépare.

Je vous ai proposé une gageure : celle de considérer tous les apprentissages comme celui de la bicyclette. Vous vouliez, en lui apprenant ce loisir, faire accéder votre enfant à une étape supérieure de l'autonomie, de la connaissance et de la socialisation. Vous l'avez accompagné et il a réussi.

Cette transmission paraît totalement inutile dans une future carrière, avez-vous vu sur un CV : « Sait faire du vélo » ? Et pourtant la plupart des parents le font. Car aussi banal qu'il y paraisse, l'apprentissage de la bicyclette est un rite initiatique nécessaire et indispensable. Tout au long des pages que vous venez de lire, vous avez compris ce qui se déroule au cours de l'initiation vélocipédique et que je résumerai simplement : grâce à la confiance mutuelle, un enfant devient confiant en lui et développe ses compétences dans tous les domaines. C'est ce simple message que j'ai souhaité vous faire passer, celui de regarder votre descendance grandir, de l'accompagner dans la vie, de la soutenir et de la motiver. De cette manière, votre enfant pourra se préparer au monde en ayant confiance en lui, dans ce qu'il entreprend. Quant à vous, vous aurez tout autant profité de lui que participé à son développement.

On m'a souvent demandé pourquoi je n'avais pas fait un livre sur l'estime de soi de l'enfant, vous comprendrez maintenant aisément qu'un nourrisson de 6 mois, un enfant de primaire ou un jeune collégien n'ont pas une nécessité vitale qu'on les estime mais qu'on leur fasse et qu'on leur donne confiance. La confiance en soi est l'héritage indispensable que vous devez transmettre.

Un enfant bien portant doit être nourri et éduqué, certes, mais pour qu'il soit bien dans sa peau et ait envie de se lancer dans la vie, il doit avoir confiance en lui.

Quelques lectures pour en savoir plus

Christophe ANDRÉ, *Imparfaits, libres et heureux*, Paris, Odile Jacob, 2006.

Béatrice COPPER-ROYER, *Peur du loup, peur de tout*, Paris, Albin Michel, 2003.

Germain DUCLOS, *L'Estime de soi , un passeport pour la vie*, Québec, Éditions de l'hôpital Sainte-Justine, 2000.

Germain DUCLOS, Danielle LAPORTE, Jacques ROSS, *L'Estime de soi des adolescents*, Québec, Éditions de l'hôpital Sainte-Justine, 2002.

Frédéric FANGET, *Oser. Thérapie de la confiance en soi*, Paris, Odile Jacob, 2003.

Élisabeth GUTHRIE, Kathy MATTHEWS, *Ces enfants que l'on veut parfaits*, Québec, Éditions de l'homme, 2002.

Carl PICKHARDT, *Développez l'estime de soi de votre enfant*, Québec, Éditons de l'homme, 2001.

Didier PLEUX, *Peux mieux faire ! Remotiver son enfant à l'école*, Paris, Odile Jacob, 2003.

Dominique SERVANT, *L'Enfant et l'adolescent anxieux*, Paris, Odile Jacob, 2005.

Jeanne SIAUD-FACCHIN, *Aider l'enfant en difficulté scolaire*, Paris, Odile Jacob, 2006.

DANS LA COLLECTION « POCHES ODILE JACOB »

N° 1 : Aldo Naouri, *Les Filles et leurs mères*
N° 2 : Boris Cyrulnik, *Les Nourritures affectives*
N° 3 : Jean-Didier Vincent, *La Chair et le Diable*
N° 4 : Jean François Deniau, *Le Bureau des secrets perdus*
N° 5 : Stephen Hawking, *Trous noirs et Bébés univers*
N° 6 : Claude Hagège, *Le Souffle de la langue*
N° 7 : Claude Olievenstein, *Naissance de la vieillesse*
N° 8 : Édouard Zarifian, *Les Jardiniers de la folie*
N° 9 : Caroline Eliacheff, *À corps et à cris*
N° 10 : François Lelord, Christophe André, *Comment gérer les personnalités difficiles*
N° 11 : Jean-Pierre Changeux, Alain Connes, *Matière à pensée*
N° 12 : Yves Coppens, *Le Genou de Lucy*
N° 13 : Jacques Ruffié, *Le Sexe et la Mort*
N° 14 : François Roustang, *Comment faire rire un paranoïaque ?*
N° 15 : Jean-Claude Duplessy, Pierre Morel, *Gros Temps sur la planète*
N° 16 : François Jacob, *La Souris, la Mouche et l'Homme*
N° 17 : Marie-Frédérique Bacqué, *Le Deuil à vivre*
N° 18 : Gerald M. Edelman, *Biologie de la conscience*
N° 19 : Samuel P. Huntington, *Le Choc des civilisations*
N° 20 : Dan Kiley, *Le Syndrome de Peter Pan*
N° 21 : Willy Pasini, *À quoi sert le couple ?*
N° 22 : Françoise Héritier, Boris Cyrulnik, Aldo Naouri, *De l'inceste*
N° 23 : Tobie Nathan, *Psychanalyse païenne*
N° 24 : Raymond Aubrac, *Où la mémoire s'attarde*
N° 25 : Georges Charpak, Richard L. Garwin, *Feux follets et Champignons nucléaires*
N° 26 : Henry de Lumley, *L'Homme premier*
N° 27 : Alain Ehrenberg, *La Fatigue d'être soi*
N° 28 : Jean-Pierre Changeux, Paul Ricœur, *Ce qui nous fait penser*
N° 29 : André Brahic, *Enfants du Soleil*
N° 30 : David Ruelle, *Hasard et Chaos*
N° 31 : Claude Olievenstein, *Le Non-dit des émotions*
N° 32 : Édouard Zarifian, *Des paradis plein la tête*
N° 33 : Michel Jouvet, *Le Sommeil et le Rêve*
N° 34 : Jean-Baptiste de Foucauld, Denis Piveteau, *Une société en quête de sens*
N° 35 : Jean-Marie Bourre, *La Diététique du cerveau*
N° 36 : François Lelord, *Les Contes d'un psychiatre ordinaire*
N° 37 : Alain Braconnier, *Le Sexe des émotions*

N° 38 : Temple Grandin, *Ma vie d'autiste*
N° 39 : Philippe Taquet, *L'Empreinte des dinosaures*
N° 40 : Antonio R. Damasio, *L'Erreur de Descartes*
N° 41 : Édouard Zarifian, *La Force de guérir*
N° 42 : Yves Coppens, *Pré-ambules*
N° 43 : Claude Fischler, *L'Homnivore*
N° 44 : Brigitte Thévenot, Aldo Naouri, *Questions d'enfants*
N° 45 : Geneviève Delaisi de Parseval, Suzanne Lallemand, *L'Art d'accommoder les bébés*
N° 46 : François Mitterrand, Elie Wiesel, *Mémoire à deux voix*
N° 47 : François Mitterrand, *Mémoires interrompus*
N° 48 : François Mitterrand, *De l'Allemagne, de la France*
N° 49 : Caroline Eliacheff, *Vies privées*
N° 50 : Tobie Nathan, *L'Influence qui guérit*
N° 51 : Éric Albert, Alain Braconnier, *Tout est dans la tête*
N° 52 : Judith Rapoport, *Le garçon qui n'arrêtait pas de se laver*
N° 53 : Michel Cassé, *Du vide et de la création*
N° 54 : Ilya Prigogine, *La Fin des certitudes*
N° 55 : Ginette Raimbault, Caroline Eliacheff, *Les Indomptables*
N° 56 : Marc Abélès, *Un ethnologue à l'Assemblée*
N° 57 : Alicia Lieberman, *La Vie émotionnelle du tout-petit*
N° 58 : Robert Dantzer, *L'Illusion psychosomatique*
N° 59 : Marie-Jo Bonnet, *Les Relations amoureuses entre les femmes*
N° 60 : Irène Théry, *Le Démariage*
N° 61 : Claude Lévi-Strauss, Didier Éribon, *De près et de loin*
N° 62 : François Roustang, *La Fin de la plainte*
N° 63 : Luc Ferry, Jean-Didier Vincent, *Qu'est-ce que l'homme ?*
N° 64 : Aldo Naouri, *Parier sur l'enfant*
N° 65 : Robert Rochefort, *La Société des consommateurs*
N° 66 : John Cleese, Robin Skynner, *Comment être un névrosé heureux*
N° 67 : Boris Cyrulnik, *L'Ensorcellement du monde*
N° 68 : Darian Leader, *À quoi penses-tu ?*
N° 69 : Georges Duby, *L'Histoire continue*
N° 70 : David Lepoutre, *Cœur de banlieue*
N° 71 : Université de tous les savoirs 1, *La Géographie et la Démographie*
N° 72 : Université de tous les savoirs 2, *L'Histoire, la Sociologie et l'Anthropologie*
N° 73 : Université de tous les savoirs 3, *L'Économie, le Travail, l'Entreprise*
N° 74 : Christophe André, François Lelord, *L'Estime de soi*

N° 75 : Université de tous les savoirs 4, *La Vie*
N° 76 : Université de tous les savoirs 5, *Le Cerveau, le Langage, le Sens*
N° 77 : Université de tous les savoirs 6, *La Nature et les Risques*
N° 78 : Boris Cyrulnik, *Un merveilleux malheur*
N° 79 : Université de tous les savoirs 7, *Les Technologies*
N° 80 : Université de tous les savoirs 8, *L'Individu dans la société d'aujourd'hui*
N° 81 : Université de tous les savoirs 9, *Le Pouvoir, L'État, la Politique*
N° 82 : Jean-Didier Vincent, *Biologie des passions*
N° 83 : Université de tous les savoirs 10, *Les Maladies et la Médecine*
N° 84 : Université de tous les savoirs 11, *La Philosophie et l'Éthique*
N° 85 : Université de tous les savoirs 12, *La Société et les Relations sociales*
N° 86 : Roger-Pol Droit, *La Compagnie des philosophes*
N° 87 : Université de tous les savoirs 13, *Les Mathématiques*
N° 88 : Université de tous les savoirs 14, *L'Univers*
N° 89 : Université de tous les savoirs 15, *Le Globe*
N° 90 : Jean-Pierre Changeux, *Raison et Plaisir*
N° 91 : Antonio R. Damasio, *Le Sentiment même de soi*
N° 92 : Université de tous les savoirs 16, *La Physique et les Éléments*
N° 93 : Université de tous les savoirs 17, *Les États de la matière*
N° 94 : Université de tous les savoirs 18, *La Chimie*
N° 95 : Claude Olievenstein, *L'Homme parano*
N° 96 : Université de tous les savoirs 19, *Géopolitique et Mondialisation*
N° 97 : Université de tous les savoirs 20, *L'Art et la Culture*
N° 98 : Claude Hagège, *Halte à la mort des langues*
N° 99 : Jean-Denis Bredin, Thierry Lévy, *Convaincre*
N° 100 : Willy Pasini, *La Force du désir*
N° 101 : Jacques Fricker, *Maigrir en grande forme*
N° 102 : Nicolas Offenstadt, *Les Fusillés de la Grande Guerre*
N° 103 : Catherine Reverzy, *Femmes d'aventure*
N° 104 : Willy Pasini, *Les Casse-pieds*
N° 105 : Roger-Pol Droit, *101 Expériences de philosophie quotidienne*
N° 106 : Jean-Marie Bourre, *La Diététique de la performance*
N° 107 : Jean Cottraux, *La Répétition des scénarios de vie*
N° 108 : Christophe André, Patrice Légeron, *La Peur des autres*

N° 109 : Amartya Sen, *Un nouveau modèle économique*
N° 110 : John D. Barrow, *Pourquoi le monde est-il mathématique ?*
N° 111 : Richard Dawkins, *Le Gène égoïste*
N° 112 : Pierre Fédida, *Des bienfaits de la dépression*
N° 113 : Patrick Légeron, *Le Stress au travail*
N° 114 : François Lelord, Christophe André, *La Force des émotions*
N° 115 : Marc Ferro, *Histoire de France*
N° 116 : Stanislas Dehaene, *La Bosse des maths*
N° 117 : Willy Pasini, Donato Francescato, *Le Courage de changer*
N° 118 : François Heisbourg, *Hyperterrorisme : la nouvelle guerre*
N° 119 : Marc Ferro, *Le Choc de l'Islam*
N° 120 : Régis Debray, *Dieu, un itinéraire*
N° 121 : Georges Charpak, Henri Broch, *Devenez sorciers, devenez savants*
N° 122 : René Frydman, *Dieu, la Médecine et l'Embryon*
N° 123 : Philippe Brenot, *Inventer le couple*
N° 124 : Jean Le Camus, *Le Vrai Rôle du père*
N° 125 : Elisabeth Badinter, *XY*
N° 126 : Elisabeth Badinter, *L'Un est l'Autre*
N° 127 : Laurent Cohen-Tanugi, *L'Europe et l'Amérique au seuil du XXIe siècle*
N° 128 : Aldo Naouri, *Réponses de pédiatre*
N° 129 : Jean-Pierre Changeux, *L'Homme de vérité*
N° 130 : Nicole Jeammet, *Les Violences morales*
N° 131 : Robert Neuburger, *Nouveaux Couples*
N° 132 : Boris Cyrulnik, *Les Vilains Petits Canards*
N° 133 : Christophe André, *Vivre heureux*
N° 134 : François Lelord, *Le Voyage d'Hector*
N° 135 : Alain Braconnier, *Petit ou grand anxieux ?*
N° 136 : Juan Luis Arsuaga, *Le Collier de Néandertal*
N° 137 : Daniel Sibony, *Don de soi ou partage de soi*
N° 138 : Claude Hagège, *L'Enfant aux deux langues*
N° 139 : Roger-Pol Droit, *Dernières Nouvelles des choses*
N° 140 : Willy Pasini, *Être sûr de soi*
N° 141 : Massimo Piattelli Palmarini, *Le Goût des études ou comment l'acquérir*
N° 142 : Michel Godet, *Le Choc de 2006*
N° 143 : Gérard Chaliand, Sophie Mousset, *2 000 ans de chrétientés*
N° 145 : Christian De Duve, *À l'écoute du vivant*

N° 146 : Aldo Naouri, *Le Couple et l'Enfant*
N° 147 : Robert Rochefort, *Vive le papy-boom*
N° 148 : Dominique Desanti, Jean-Toussaint Desanti, *La liberté nous aime encore*
N° 149 : François Roustang, *Il suffit d'un geste*
N° 150 : Howard Buten, *Il y a quelqu'un là-dedans*
N° 151 : Catherine Clément, Tobie Nathan, *Le Divan et le Grigri*
N° 152 : Antonio R. Damasio, *Spinoza avait raison*
N° 153 : Bénédicte de Boysson-Bardies, *Comment la parole vient aux enfants*
N° 154 : Michel Schneider, *Big Mother*
N° 155 : Willy Pasini, *Le Temps d'aimer*
N° 156 : Jean-François Amadieu, *Le Poids des apparences*
N° 157 : Jean Cottraux, *Les Ennemis intérieurs*
N° 158 : Bill Clinton, *Ma Vie*
N° 159 : Marc Jeannerod, *Le Cerveau intime*
N° 160 : David Khayat, *Les Chemins de l'espoir*
N° 161 : Jean Daniel, *La Prison juive*
N° 162 : Marie-Christine Hardy-Baylé, Patrick Hardy, *Maniaco-dépressif*
N° 163 : Boris Cyrulnik, *Le Murmure des fantômes*
N° 164 : Georges Charpak, Roland Omnès, *Soyez savants, devenez prophètes*
N° 165 : Aldo Naouri, *Les Pères et les Mères*
N° 166 : Christophe André, *Psychologie de la peur*
N° 167 : Alain Peyrefitte, *La Société de confiance*
N° 168 : François Ladame, *Les Éternels Adolescents*
N° 169 : Didier Pleux, *De l'enfant roi à l'enfant tyran*
N° 170 : Robert Axelrod, *Comment réussir dans un monde d'égoïstes*
N° 171 : François Millet-Bartoli, *La Crise du milieu de la vie*
N° 172 : Hubert Montagner, *L'Attachement*
N° 173 : Jean-Marie Bourre, *La Nouvelle Diététique du cerveau*
N° 174 : Willy Pasini, *La Jalousie*
N° 175 : Frédéric Fanget, *Oser*
N° 176 : Lucy Vincent, *Comment devient-on amoureux ?*
N° 177 : Jacques Melher, Emmanuel Dupoux, *Naître humain*
N° 178 : Gérard Apfeldorfer, *Les Relations durables*
N° 179 : Bernard Lechevalier, *Le Cerveau de Mozart*
N° 180 : Stella Baruk, *Quelles mathématiques pour l'école ?*

N° 181 : Patrick Lemoine, *Le Mystère du placebo*
N° 182 : Boris Cyrulnik, *Parler d'amour au bord du gouffre*
N° 183 : Alain Braconnier, *Mère et Fils*
N° 184 : Jean-Claude Carrière, *Einstein, s'il vous plaît*
N° 185 : Aldo Naouri, Sylvie Angel, Philippe Gutton, *Les Mères juives*
N° 186 : Jean-Marie Bourre, *La Vérité sur les oméga-3*
N° 187 : Édouard Zarifian, *Le Goût de vivre*
N° 188 : Lucy Vincent, *Petits arrangements avec l'amour*
N° 189 : Jean-Claude Carrière, *Fragilité*
N° 190 : Luc Ferry, *Vaincre les peurs*
N° 191 : Henri Broch, *Gourous, sorciers et savants*
N° 192 : Aldo Naouri, *Adultères*
N° 193 : Violaine Guéritault, *La Fatigue émotionnelle et physique des mères*
N° 194 : Sylvie Angel et Stéphane Clerget, *La Deuxième Chance en amour*
N° 195 : Barbara Donville, *Vaincre l'autisme*
N° 196 : François Roustang, *Savoir attendre*
N° 197 : Alain Braconnier, *Les Filles et les Pères*
N° 198 : Lucy Vincent, *Où est passé l'amour ?*
N° 199 : Claude Hagège, *Combat pour le français*
N° 200 : Boris Cyrulnik, *De chair et d'âme*
N° 201 : Jeanne Siaud-Facchin, *Aider son enfant en difficulté scolaire*
N° 202 : Laurent Cohen, *L'Homme-thermomètre*
N° 203 : François Lelord, *Hector et les secrets de l'amour*
N° 204 : Willy Pasini, *Des hommes à aimer*
N° 205 : Jean-François Gayraud, *Le Monde des mafias*
N° 206 : Claude Béata, *La Psychologie du chien*
N° 207 : Denis Bertholet, *Claude Lévi-Strauss*
N° 208 : Alain Bentolila, *Le Verbe contre la barbarie*
N° 209 : François Lelord, *Le Nouveau Voyage d'Hector*
N° 210 : Pascal Picq, *Lucy et l'obscurantisme*
N° 211 : Marc Ferro, *Le Ressentiment dans l'histoire*
N° 212 : Willy Pasini, *Le Couple amoureux*
N° 213 : Christophe André, François Lelord, *L'Estime de soi*
N° 214 : Lionel Naccache, *Le Nouvel Inconscient*
N° 215 : Christophe André, *Imparfaits, libres et heureux*

N° 216 : Michel Godet, *Le Courage du bon sens*
N° 217 : Daniel Stern, Nadia Bruschweiler, *Naissance d'une mère*
N° 218 : Gérard Apfeldorfer, *Mangez en paix !*
N° 219 : Libby Purves, *Comment ne pas être une mère parfaite*
N° 220 : Gisèle George, *La Confiance en soi de votre enfant*
N° 221 : Libby Purves, *Comment ne pas élever des enfants parfaits*
N° 222 : Claudine Biland, *Psychologie du menteur*
N° 223 : Dr Hervé Grosgogeat, *La Méthode acide-base*
N° 224 : François-Xavier Poudat, *La Dépendance amoureuse*
N° 225 : Barack Obama, *Le Changement*
N° 226 : Aldo Naouri, *Éduquer ses enfants*
N° 227 : Dominique Servant, *Soigner le stress et l'anxiété par soi-même*
N° 228 : Anthony Rowley, *Une histoire mondiale de la table*
N° 229 : Jean-Didier Vincent, *Voyage extraordinaire au centre du cerveau*
N° 230 : Frédéric Fanget, *Affirmez-vous !*
N° 231 : Gisèle George, *Mon enfant s'oppose*
N° 232 : Sylvie Royant-Parola, *Comment retrouver le sommeil par soi-même*
N° 233 : Christian Zaczyck, *Comment avoir de bonnes relations avec les autres*
N° 234 : Jeanne Siaud-Facchin, *L'Enfant surdoué*
N° 235 : Bruno Koeltz, *Comment ne pas tout remettre au lendemain*
N° 236 : Henri Lôo et David Gourion, *Guérir de la dépression*
N° 237 : Henri Lumley, *La Grande Histoire des premiers hommes européens*
N° 238 : Boris Cyrulnik, *Autobiographie d'un épouvantail*
N° 239 : Monique Bydbowski, *Je rêve un enfant*
N° 240 : Willy Pasini, *Les Nouveaux Comportements sexuels*
N° 241 : Dr Jean-Philippe Zermati, *Maigrir sans regrossir. Est-ce possible ?*
N° 242 : Patrick Pageat, *L'Homme et le Chien*
N° 243 : Philippe Brenot, *Le Sexe et l'Amour*
N° 244 : Georges Charpak, *Mémoires d'un déraciné*
N° 245 : Yves Coppens, *L'Histoire de l'Homme*
N° 246 : Boris Cyrulnik, *Je me souviens*
N° 247 : Stéphanie Hahusseau, *Petit guide de l'amour heureux à l'usage des gens (un peu) compliqués*

N° 248 : Jean-Marie Bourre, *Bien manger : vrais et faux dangers*
N° 249 : Jean-Philippe Zermati, *Maigrir sans régime*
N° 250 : François-Xavier Poudat, *Bien vivre sa sexualité*
N° 251 : Stéphanie Hahusseau, *Comment ne pas se gâcher la vie*
N° 252 : Christine Mirabel-Sarron, *La Dépression*
N° 253 : Jean-Pierre Changeux, *Du vrai, du beau, du bien*
N° 254 : Philippe Jeammet, *Pour nos ados, soyons adultes*
N° 255 : Antoine Alaméda, *Les 7 Péchés familiaux*
N° 256 : Alain Renaut, *Découvrir la philosophie 1, le Sujet*
N° 257 : Alain Renaut, *Découvrir la philosophie 2, la Culture*
N° 258 : Alain Renaut, *Découvrir la philosophie 3, la Raison et le Réel*
N° 259 : Alain Renaut, *Découvrir la philosophie 4, la Politique*
N° 260 : Alain Renaut, *Découvrir la philosophie 5, la Morale*
N° 261 : Frédéric Fanget, *Toujours mieux !*
N° 262 : Robert Ladouceur, Lynda Bélanger, Éliane Léger, *Arrêtez de vous faire du souci pour tout et pour rien*
N° 263 : Marie Lion-Julin, *Mères : libérez vos filles*
N° 264 : Willy Pasini, *Les Amours infidèles*
N° 265 : Jean Cottraux, *La Force avec soi*
N° 266 : Olivier de Ladoucette, *Restez jeune, c'est dans la tête*
N° 267 : Jacques Lecomte, *Guérir de son enfance*
N° 268 : Béatrice Millêtre, *Prendre la vie du bon côté*
N° 269 : Francesco et Luca Cavalli-Sforza, *La Science du bonheur*
N° 270 : Marc-Louis Bourgeois, *Manie et dépression*
N° 271 : Thierry Lévy, *Éloge de la barbarie judiciare*
N° 272 : Gilles Godefroy, *L'Aventure des nombres*
N° 273 : Giacomo Rizzolatti, Corrado Sinigaglia, *Les Neurones miroirs*
N° 274 : Laurent Cohen, *Pourquoi les champanzés ne parlent pas*
N° 275 : Stéphanie Hahusseau, *Tristesse, peur, colère*
N° 276 : Élie Hantouche et Vincent Trybou, *Vivre heureux avec des hauts et des bas*
N° 277 : Jacques Fricker, *Être mince et en bonne santé*
N° 278 : Jacques Fricker, *101 conseils pour bien maigrir*
N° 279 : Hervé Grosgogeat, *Ma promesse anti-âge*
N° 280 : Ginette Raimbault, *Lorsque l'enfant disparaît*
N° 281 : François Ansermet, Pierre Magistretti, *À chacun son cerveau*
N° 282 : Yves Coppens, *Le Présent du passé*

N° 283 : Christian De Duve, *Singularités*
N° 284 : Edgar Gunzig, *Que faisiez-vous avant le Big Bang ?*
N° 285 : David Ruelle, *L'Étrange Beauté des mathématiques*
N° 286 : Thierry Lodé, *La Guerre des sexes chez les animaux*
N° 287 : Michel Desjoyeaux, *Coureur des océans*
N° 288 : Anthony Rowley, Fabrice d'Almeida, *Et si on refaisait l'histoire*
N° 289 : Pierre-Jean Rémy, *Karajan*
N° 290 : Jacques Delors, Michel Dollé, *Investir dans le social*
N° 291 : Jean-Didier Vincent, *Casanova, la contagion du plaisir*
N° 292 : Claude Crépault, *Les Fantasmes, l'Érotisme et la Sexualité*
N° 293 : Philippe Brenot, *Les Violences ordinaires des hommes envers les femmes*
N° 297 : Philippe Brenot, *Le Génie et la Folie*
N° 298 : Alexandre Moatti, *Indispensables physiques et mathématiques pour tous*
N° 299 : Jean-Michel Severino et Olivier Ray, *Le Temps de l'Afrique*
N° 300 : François Roustang, *Le Secret de Socrate pour changer la vie*
N° 301 : Maurice Sachot, *L'Invention du Christ*
N° 302 : Vincent Courtillot, *Nouveau Voyage au centre de la Terre*
N° 303 : Peter Reichel, *La Fascination du nazisme*
N° 304 : Alain Braconnier, *Protéger son soi*
N° 305 : Daniel Stern, *Le Journal d'un bébé*
N° 306 : Alain Ehrenberg, *La Société du malaise*
N° 307 : Pascal Picq, *Le Sexe, l'Homme et l'Évolution*
N° 308 : Roger-Pol Droit, *Vivre aujourd'hui avec Socrate, Épicure, Sénèque et tous les autres*
N° 309 : Jacques Fricker, Luc Cynober, *La Vérité sur les compléments alimentaires*
N° 310 : Michel Godet, *Bonnes nouvelles des Conspirateurs du futur*
N° 311 : Jean-Marie Bourre, *Le Lait : vrais et faux dangers*
N° 312 : Didier Pleux, *Manuel d'éducation à l'usage des parents*
N° 313 : Lucy Vincent, *L'Amour de A à XY*
N° 314 : Yves Coppens, *Le Présent du passé au carré*

Cet ouvrage a été imprimé en France par

CPI
BUSSIÈRE

à Saint-Amand-Montrond (Cher)
en mars 2012

N° d'édition : 7381-2269-2 – N° d'impression : 121004/4
Dépôt légal : mars 2012